黄文秀

传承红色精神的青年楷模

程腾北　程过富　著

山西出版传媒集团
山西人民出版社

图书在版编目（CIP）数据

黄文秀：传承红色精神的青年楷模 / 程腾北，程过富著. -- 太原：山西人民出版社，2025.4. -- ISBN 978-7-203-13947-8

Ⅰ．D263

中国国家版本馆CIP数据核字第20250XC310号

黄文秀：传承红色精神的青年楷模

著　　者：	程腾北　程过富
责任编辑：	宣海丰
复　　审：	高　雷
终　　审：	武　静
装帧设计：	郝艳红

出 版 者：	山西出版传媒集团·山西人民出版社
地　　址：	太原市建设南路21号
邮　　编：	030012
发行营销：	0351－4922220　4955996　4956039　4922127（传真）
天猫官网：	https://sxrmcbs.tmall.com　电话：0351－4922159
E － mail：	sxskcb@163.com　发行部 sxskcb@126.com　总编室
网　　址：	www.sxskcb.com

经 销 者：	山西出版传媒集团·山西人民出版社
承 印 厂：	山西省教育学院印刷厂

开　　本：	720mm×1020mm　　1/16
印　　张：	14
字　　数：	200千字
版　　次：	2025年4月　第1版
印　　次：	2025年4月　第1次印刷
书　　号：	ISBN 978-7-203-13947-8
定　　价：	58.00元

如有印装质量问题请与本社联系调换

前　言

"天地英雄气，千秋尚凛然。"中华民族是崇尚英雄、成就英雄、英雄辈出的民族。2019年，在中华人民共和国成立70周年之际，习近平总书记对"最美奋斗者"评选表彰和学习宣传活动作出重要指示，他指出，在我国社会主义革命、建设、改革的非凡历程中，一代又一代奋斗者顽强拼搏、不懈奋斗，涌现出无数感天动地的英雄模范。他们用智慧和汗水、甚至鲜血和生命，为国家富强、民族振兴、人民幸福书写了可歌可泣的壮丽篇章。各个历史时期的英雄模范都值得我们敬仰和学习。要广泛宣传"最美奋斗者"的先进事迹，传承弘扬爱国奋斗精神，奏响新中国奋斗交响曲，高唱新时代奋斗者之歌，用英雄模范的感人故事激励全党全国各族人民坚守爱国情怀、坚定奋斗意志，为实现中华民族伟大复兴的中国梦凝聚起强大精神力量。

黄文秀，一个为改变家乡贫困状态的"最美奋斗者"，正是在学习英雄、争做模范的征程中逐步成长起来的新时代青年人楷模。她受家庭影响，从小崇拜英雄和模范，2008年上大学时，选择的目标城市为红色资源非常丰富、自古英雄辈出的长治市，所学专业为思想政治教育。在长治学院学习期间，黄文秀多次到武乡、平顺等地调研，向英雄、模范学习，汲取红色营养，每个月都向党组织写思想汇报，并光荣加入了中国共产党。她严于律己，与人为善，刻苦学习，奋力拼搏，大学毕业前，被北京师范大学录取为硕士研究生。2016年研究生毕业后，黄文秀主动放弃留在北京的工作机会，怀着建设家乡的满腔热血回到百色，并请缨到国家扶贫开发工作重点县乐业县担任驻百坭村第一书记。她不畏山高路远的艰难，不屑"闭门羹"的尴尬，翻山越岭、挨门逐户遍访百坭村11个屯子195户贫困户，把群众的困难和意见逐一记下，还画出"贫困户分布图"，在脱贫攻坚第一线倾情投入，想方设法帮助贫困群众脱贫致富。

2019年6月17日凌晨，黄文秀在返回百坭村的途中遭遇山洪不幸牺牲，年仅30岁。在这短短30个春秋中，她用自己的实际行动践行了入党誓词，谱写了新时代的青春之歌，为新时代青年传承红色精神作出示范。

习近平总书记号召广大党员干部和青年同志要以黄文秀同志为榜样，不忘初心、牢记使命，勇于担当、甘于奉献，在新时代的长征路上做出新的更大贡献。

中国共产党始终把青年当作祖国的未来、民族的希望。毛泽东主席说过："世界是你们的，也是我们的，但是归根结底是你们的。你们青年人朝气蓬勃，正在兴旺时期，好像早晨八九点钟的太阳。希望寄托在你们身上。"习近平总书记强调，代表广大青年、赢得广大青年、依靠广大青年，是我们党不断从胜利走向胜利的重要保证。

作为新时代的广大青年，其历史使命是由特定的时代背景和社会条件决定的。中国特色社会主义进入新时代，这是新时代青年成长成才的历史方位，新时代青年的成长成才必须建立在这一特定的历史方位之上。新时代青年能否担当起全面建成社会主义现代化强国、实现"两个一百年"奋斗目标的重任，关键在于能否顺利成长成才，而能否顺利成长成才，又关键在于能否传承红色精神。

红色精神是中国共产党领导广大人民在革命战争年代所创造的宝贵精神财富，凝聚着中华民族的伟大力量，彰显着中国共产党人的鲜明政治品格，是中国特色社会主义文化软实力的重要表现，是新时代青年成长成才不可或缺的精神力量，学习并传承红色精神是每一个新时代青年的必修课。进入中国特色社会主义新时代，变化了的世情和国情，对新时代青年传承红色精神发出了强烈呼唤。新时代青年，如果离开了红色精神，他们的成长成才和发展也就成了无源之水，是难以成就有价值的人生和成为时代先锋的。因此，新时代青年需要以黄文秀为榜样，自觉传承弘扬红色精神，将红色精神内化于心、外化于行，以党的光荣传统和优良作风凝聚力量，在英雄模范人物的伟大精神激励下砥砺奋进。只有这样，新时代青年才能与国家和民族的发展同向而行，与中国特色社会主义事业同频共振。

目 录

第一章 "七一勋章"获得者、"时代楷模"黄文秀 …………… 001
    一、壮家女孩 ………… 003
    二、求学生涯 ………… 009
    三、思想升华 ………… 015
    四、扶贫路上 ………… 021

第二章 黄文秀茁壮成长的源头活水 …………………………… 031
    一、黄文秀茁壮成长的文化渊源 ………… 034
    二、黄文秀茁壮成长的理论根基 ………… 044
    三、黄文秀茁壮成长的时代背景 ………… 050

第三章 对党忠诚的崇高境界 …………………………………… 053
    一、对党忠诚,争当先锋 ………… 055
    二、言而有信,信仰坚定 ………… 063
    三、"让群众真切感受到共产党的好" ………… 071

第四章　自强不息的顽强斗志 ……………………………… 077
一、自强不息，昂扬向上 ………………………………… 079
二、锲而不舍，顽强拼搏 ………………………………… 086
三、"每天都很辛苦，但心里很快乐" …………………… 091

第五章　团结友善的道德情操 ……………………………… 097
一、凝聚共识，团结奋进 ………………………………… 099
二、热爱集体，与人为善 ………………………………… 105
三、"不能光为自己而活" ………………………………… 109

第六章　爱国爱乡的家国情怀 ……………………………… 113
一、饮水思源，爱国爱乡 ………………………………… 116
二、勇于担当，奋发图强 ………………………………… 122
三、"我就是要回来的人" ………………………………… 126

第七章　无私奉献的大爱胸怀 ……………………………… 131
一、坚守初心，牢记使命 ………………………………… 134
二、心系群众，甘于奉献 ………………………………… 138
三、"既然选择了，唯有坚持" …………………………… 143

第八章　求真务实的工作作风 ……………………………… 147
一、深入群众，调查研究 ………………………………… 150
二、躬身实践，求真务实 ………………………………… 153

三、"只有扎根泥土，才能懂得人民" …………………… 158

第九章　攻坚克难的英雄气概 ………………………………… 165
　　一、迎难而上，尽锐出战 …………………………………… 167
　　二、攻坚克难，敢于胜利 …………………………………… 172
　　三、"这点困难怎么能限制我前行" ………………………… 176

第十章　学习黄文秀，做传承红色精神的时代新人 …………… 183
　　一、红色精神的丰富内涵 …………………………………… 186
　　二、新时代传承红色精神的重大意义 ……………………… 190
　　三、新时代青年需要像黄文秀那样传承红色精神，做担当民族
　　　　复兴大任的时代新人 …………………………………… 195

参考文献 ………………………………………………………… 203

后　记 …………………………………………………………… 207

第一章
"七一勋章"获得者、"时代楷模"黄文秀

第一章 "七一勋章"获得者、"时代楷模"黄文秀

黄文秀,一个英雄的名字,一个不朽的名字。2019年6月26日,中共中央总书记、国家主席、中央军委主席习近平就黄文秀同志先进事迹作出重要指示:黄文秀同志不幸遇难,令人痛惜。黄文秀同志研究生毕业后,放弃大城市的工作机会,毅然回到家乡,在脱贫攻坚第一线倾情投入、奉献自我,用美好青春诠释了共产党人的初心使命,谱写了新时代的青春之歌。广大党员干部和青年同志要以黄文秀同志为榜样,不忘初心、牢记使命,勇于担当、甘于奉献,在新时代的长征路上做出新的更大贡献。2019年7月1日,中共中央宣传部向全社会宣传发布黄文秀同志的先进事迹,追授她"时代楷模"称号;2019年9月25日,黄文秀同志被授予"最美奋斗者"称号;2019年10月10日,中共中央追授黄文秀同志"全国优秀共产党员"称号;2020年5月17日,黄文秀同志被评为"感动中国2019年度人物";2021年2月25日,黄文秀同志被评为"全国脱贫攻坚楷模";在庆祝中国共产党成立100周年之际,2021年6月29日,中共中央授予黄文秀同志"七一勋章"。习近平总书记在2020年新年贺词中再次指出,把青春和生命献给脱贫事业的黄文秀,以普通人的平凡书写了不平凡的人生。

黄文秀,一面共产党员的旗帜,一个新时代青年的榜样。2008年10月5日,黄文秀在入党申请书中写道:"一个人要活得有意义,生存得有价值,就不能光为自己而活,要用自己的力量为国家、为民族、为社会作出贡献。"黄文秀言而有信,她是这样写的,也是这样做的,用她平凡而短暂的人生,让人们看到她高尚而伟大的灵魂。

一、壮家女孩

1989年4月18日,广西壮族自治区百色市田阳县巴别乡德爱村多柳屯黄忠杰家里,一个女婴呱呱坠地,这是黄忠杰的第三个孩子。家里添了人口,本是幸事,但是此刻的黄忠杰更担心妻子和女儿的生命安全。长年患病的妻子

黄彩勤产后处于昏迷中，必须及时送医院救治；而刚刚出生的小女儿面临无奶可吃的困境。这两件事，对于身处贫困状态的黄家来说，真是雪上加霜。幸亏邻居大嫂在场帮忙，并再三安顿黄忠杰："赶紧送大人去医院看病，要看好大人的身体，孩子大伙帮着奶，不会饿着。"

由于妻子是早产，母亲不在身边，黄忠杰只好把小女儿托付给邻家大嫂，自己陪妻子去医院。

邻家大嫂是个热心人，一边找屯子里有奶的妇女帮助给黄家小女儿喂奶，一边让自己丈夫到邻村把月子里的闺女接回家，让闺女分些奶水喂养黄家小女儿。

在众人帮衬下，黄家安然度过最困难的日子。黄彩勤出院回家后，搂住邻居大嫂抽泣起来，感慨万千地说："我家碟俏成了全屯人家的孩子了！"

碟俏，是巴别乡壮族人对家中最小女儿的昵称，也是黄文秀的乳名。在碟俏出生的半年中，经常有人上门给她喂奶。黄家碟俏在众"奶妈"辛勤哺育下，生命就像春天的花朵一样灿烂盛开。

碟俏越长越可爱，且开始牙牙学语，给家里带来许多欢声笑语。可是，黄忠杰上有父母亲，下有一儿两女，还得给病妻求医买药，债务越来越多。恶劣的自然生存环境和家庭状况压得黄忠杰喘不过气来。

正当黄忠杰为一家人生存焦虑不安时，国家开始有计划、有组织、大规模地开展扶贫攻坚工作。田阳县被列入贫困县，政府号召贫困村民易地搬迁，走出深山到平坦的城镇周边耕作。

听到易地搬迁，黄忠杰心里七上八下，对城镇生活既向往又恐惧。他生在大山深处，长在大山窝里，因为贫穷读书少没技术，从没有奢望离开大山去过城镇生活。

黄忠杰原来出生于李姓人家，共有8个兄妹，因为家里穷，初中没读完就辍学回村干农活，后来又被过继给德爱村多柳屯的黄姓亲戚。40多年来，黄忠杰一直生活在巴别山区，仅去县城转过几次，对城镇人的生活方式不了解。像他家这种深山里的贫困户，忽然间要搬到陌生的县城边定居，总觉得是天方夜谭。转而又想，党组织和政府总是维护广大贫苦农民利益的，如今既然动员贫困山民搬出大山到自然条件好的城边生活，应该是好事。就这样，黄文秀一岁左右，在党和政府扶持下，黄忠杰带着一家老小走过弯弯曲曲的山间羊肠小道，离开贫瘠的石头大山，搬到田阳县郊区绢纺厂附近的平坡村，借住在亲戚家两间简陋的民房里，开启了城郊新生活。

黄家在城郊住下后，政府协调安排了一些耕地，黄忠杰又开垦了几亩荒地，随着季节变换在田地里种植甘蔗、玉米、红薯、木薯、豆类等农作物。除耕种田地外，夫妻俩还养起家禽、家畜，他们日日起早贪黑，早出晚归，辛勤劳作。

易地搬迁使黄忠杰家庭经济状况得以好转，妻子黄彩勤可以就近到县城医院治病，两个学龄孩子黄茂益、黄爱娟被安排到绢纺厂子弟学校读书，小女儿碟俏在奶奶、父母的怀抱中成长。家庭收入好转后，黄忠杰一家省吃俭用，盖了三间小瓦房。有地，有房子，黄忠杰从内心感到自家在城郊真正扎下根来，他时常对孩子们念叨："党和政府帮咱们在城郊安家，给咱田地，对咱有大恩，这恩情必须回报！"

年纪幼小的碟俏虽然弄不明白"恩情"的意思，但看到哥哥姐姐点头，她也学着点点头。

黄忠杰是巴别山里爱唱歌的人，新生活使黄忠杰心情欢畅，不由得常常哼唱巴别山歌。优美的歌声感染了小女儿，碟俏常常随着父亲的歌声哼哼呀呀、手舞足蹈。

五岁那年，父亲带碟俏到敢壮山拜祭壮族人文始祖布洛陀，她被此起彼伏的歌声所感染，情不自禁地随着人们载歌载舞。同时，她目睹了父亲在山歌擂台赛上风度翩翩的王者气概，对山歌王的父亲崇拜得五体投地，并对山歌有了浓厚的兴趣。返家的路上，她求父亲教歌。

父亲问女儿："你能说出爸爸在擂台赛上唱的第一首歌的歌名吗？"

"《唱支山歌给党听》！"碟俏经常听父亲、姐姐唱这首歌，十分熟悉歌名。

黄忠杰见女儿脱口说出歌名，脸上露出欣慰的笑容。

得到父亲的暗赞，碟俏心里美滋滋的。

黄忠杰摸了摸女儿的头，说道："《唱支山歌给党听》是我最爱唱的歌，也是我教你哥和你姐唱的第一首歌，希望你也唱好这首歌，更希望你们记住党和政府对咱家的好，一生一世听党的话。"

"听党的话"是啥意思？碟俏只知道要听爸爸、妈妈、哥哥、姐姐等亲属的话，怎么还得听"党"的话？她把亲戚、邻居想遍，实在想不出"党"是哪一个人。她好奇地问："爸爸，'党'是谁？"

黄忠杰告诉女儿："党是咱最大的'恩人'。"就这样，"党"这个最大的恩人在黄文秀幼小的心灵中有了朦朦胧胧的印象。

"谢谢党！谢谢爸爸！"黄文秀学着她哥哥、姐姐行队礼的样子，脚跟落地，站个立正姿势，右手五指并拢，手掌与小臂成直线，自下而上经胸前高举头上，掌心朝向左前下方，毕恭毕敬地向父亲行礼。

黄忠杰说："行了，碟俏站的姿势不错，我先唱上几遍，你找找感觉，再教你。"于是他就像在舞台上表演那样认真地唱起：

唱支山歌给党听，
我把党来比母亲；
母亲只生了我的身，
党的光辉照我心。

黄忠杰是位重情重义的人，特别喜欢这首歌，每次唱起，心中便会升起一种崇敬之情。他教儿子和大女儿学唱时，总是抱着严肃认真的态度，没有一丝马虎。现在，轮到教碟俏唱歌了，看到女儿装出一副小大人的样子，更加用心教导。他一口气把这几句唱了多次，仍旧没有停下的意思。黄文秀等不得父亲教唱，便哼着哼着张开嘴巴大声跟唱起来。

黄忠杰见女儿唱得兴致盎然，干脆有节奏地拍着双掌和她一起唱。在父亲的领唱下，碟俏对这首歌产生了极大兴趣。

从此，右江河畔的黄家小院里，经常回荡着黄文秀的歌声：

唱支山歌给党听，
我把党来比母亲；
母亲只生了我的身，
党的光辉照我心。
旧社会鞭子抽我身，
母亲含恨泪淋淋；
共产党号召我闹革命，
夺过鞭子揍敌人。
共产党号召我闹革命，
夺过鞭子，夺过鞭子揍敌人！
唱支山歌给党听，
我把党来比母亲；
母亲只生了我的身，
党的光辉照我心，
党的光辉照我心。
……

父亲对儿女的教育是爱党爱祖国，奶奶对孙子孙女的教育是爱先祖渡河公。每到端午节，田阳壮族人家不仅要做五色糯米饭，还要包五彩糯米粽、蒸青艾团，祭奠渡河公。奶奶包五彩粽、缝绣"渡河公"时，碟俏总喜欢伸出两只小手抓糯米、摘草叶，帮奶奶干活。其实，壮族传统五色糯米饭、五彩粽子的制作工艺十分讲究，小孩子插手纯属添乱。不过，碟俏嘴甜又机灵，深得奶奶宠爱。奶奶从不嫌弃她乱掺和，还耐心给她讲解各种原料及制作工艺。碟俏对五色粽的制作工艺听得似懂非懂，但是糯米、枫树叶、紫兰藤、黄花、黄姜、栀子、红兰草、大红叶、什锦叶这些原料名词记得滚瓜烂熟。还有，奶奶每年都要给孙子孙女佩戴自己绣制的"渡河公"，每年都会讲述渡河公的故事。故事的开场白是说渡河公源于一个美丽的传说，然而，奶奶的渡河公有三个版本，每年讲的版本又不同。

碟俏记得最清楚的版本是：远古的时候，有一老翁住在山脚下小河旁。年轻时上山打柴，刨回圆嘟嘟一个大树根。从那以后，每有空闲时间，他就用石斧石刀刮砍树根。天长日久，大树根的里面被挖空，从外看上去像个大南瓜。老翁把这个空心木南瓜当储具，经常在里面放些食物和药草。一年仲夏，山崩地裂，洪浪滔天，整个世界一片汪洋，洪水淹没了老翁的家。老翁钻进木南瓜中，木南瓜载着他冲破一波又一波惊涛骇浪，历尽艰险，最终脱离险境。老翁从木南瓜中伸出头四周张望，只见不远处一对男女被浊浪卷起。眼看两人要被恶浪吞没，说时迟，那时快，老翁嗖的一声跳进水里，用力把木南瓜推向那对男女。那两人抱住老翁送给的大南瓜，漂浮到水面上，而幸免于难。木南瓜为他们提供了居住的地方，里面的食物和药草为他们提供了充饥的饮食。这对男女在茫茫洪海中漂泊了几个月，终于等到洪水过后，上到陆地。他们上岸后，漫山遍野寻找救命恩人。然而，令他们失望的是找了几年时间，别说找到恩人，所到之处，没有发现一个人。由此，他们认为世界上人类只剩下他俩。悲痛过后，两人定居下来，开始新生活。每到

第一章 "七一勋章"获得者、"时代楷模"黄文秀

仲夏,他俩会携带木南瓜、五色米饭、艾叶、菁蒿、白芷、苍术等物品,到河边祭奠恩公。据说,夫妻俩献供的这些五色米和草叶都是他们在木南瓜中吃过的东西。这对夫妻繁衍了后代,壮族人将二人奉为始祖先,代代传承,年年祭奠。

碟俏喜欢勤劳、慈爱、舍己救人的渡河公老爷爷,特别高兴把"渡河公"戴在胸前。

二、求学生涯

碟俏的家离田阳绢纺厂子弟学校不远。她在附近玩耍时,经常听到校园传出琅琅的读书声和嘹亮的歌声,看到和自己差不多高的小朋友背着书包进出校门,心里羡慕极了。

有一天,碟俏对妈妈说:"我要和哥哥、姐姐一样背上书包去上学!"

坐在床边的黄彩勤惊讶地瞪了女儿一眼:"你还小,不到上学的年龄,你哥哥和姐姐都是七岁开始上学的。"

碟俏听了有点失落,但从内心又不想放弃。为了争取早点上学,她央求道:"爸,妈,你们让我早点上学吧。"

黄忠杰见小女儿再三恳求,心里充满怜爱之情。他和风细雨地对女儿说:"碟俏,你真的不到上学年龄,等明年过了六岁生日,我带你到学校去报名。"

得到爸爸的允诺,碟俏喜上眉梢,她欢天喜地地唱起《读书郎》:

小么小儿郎,
背着那书包上学堂,
不怕太阳晒,
也不怕那风雨狂,

只怕那先生骂我懒呀,

没有学问无脸见爹娘……

从此,碟俏把自己看成一名小学生,经常跟着哥哥和姐姐出门上学,一直走到学校门口,被哥哥、姐姐喊停后,站在校门外,看着他俩的背影消失。

第二年夏天,姐姐黄爱娟向父母亲提出建议:"爸、妈,碟俏要报名上学,总得有个响亮的名字吧!"

黄忠杰对在场的人扫视一眼,说:"茂益、爱娟,你们是咱家读书认字最多的,你俩给妹妹起个学名吧。"

听到父亲点将,兄妹俩立即行动起来。他们从书包里拿出《新华字典》,边查边商量,不一会儿他们就选出好几组。

最终,文秀这个名字大家全票通过,姐姐黄爱娟立刻在一张空白纸上工工整整写下"黄文秀"三个字。

碟俏很喜欢这个新名字,趁一家人高兴,她向家人提出一个请求:"爸爸,妈妈,哥哥,姐姐,我要上学啦,希望你们从现在开始叫我文秀。"

1995年9月,黄文秀进入田阳县绢纺厂子弟学校学习,开启了求学生涯。

1996年夏天,田阳绢纺厂子弟学校举行六一儿童节联欢会。主持人刚报到下一个节目《唱支山歌给党听》,还没来得及介绍演唱者的身份,身穿红色连衣裙、头扎两个牛角辫的黄文秀已经跑到台前,接过话筒,开口就唱:

唱支山歌给党听,

我把党来比母亲;

母亲只生了我的身,

党的光辉照我心。

……

歌声落下，观众报以热烈的掌声，黄文秀微笑着向台下鞠躬致谢。这时，主持老师跑过来拍拍她的肩膀问："小同学，老师和同学都夸你唱得好，能不能给大家再唱一个？"

受到夸奖，黄文秀脸上多了些腼腆，她面带羞涩地唱起《刘三姐》：

唱山歌，

这边唱来那边和，

那边和……

山歌好比春江水，

不怕滩险弯又多，

弯又多……

歌声落下，观众又爆发出一阵热烈的掌声。这次的出色表演令黄文秀获得"小小刘三姐"的雅号，也引起全校师生的关注。

那段时间，隔三岔五有老师问黄文秀的班主任，那个"小小刘三姐"平时表现如何？班主任老师告诉他们："我班这个'小小刘三姐'不仅山歌唱得好，文化课也很努力，各科成绩棒棒哒，热爱班集体、乐于帮助别人。"

2001年9月，黄文秀升入田阳绢纺厂子弟学校初中读书，担任班级数学课代表，学习成绩名列前茅。

经过初中三年的努力，黄文秀于2004年9月考入田阳县重点中学田阳一中，并进入重点班2004级高中6班，高二文理分班进入2004级高中19班学文科，担任班级学习委员。

2007年高考，黄文秀发挥失常，分数比二本线低了6分。家人担心她走不出这个阴影，非常替她担心。然而，黄文秀并没有消沉，她主动告诉父亲："我计划复习再考！"在父亲的支持下，2007年暑假后，黄文秀到百色祈福中学复读。

2008年仲夏，黄文秀得知高考成绩后，开始思考如何填报志愿。填报志愿是大事，黄爱娟匆匆赶回田阳帮妹妹选择理想的学校与专业。她建议妹妹报考法律、外语或者经济类专业，认为这些专业无论从就业层面，还是从业后的工资待遇方面都比较好，而黄文秀却对思想政治教育专业有浓厚兴趣。

黄文秀选择思想政治教育专业，缘于三方面考虑：

其一，在高中文科班学习期间，她最喜欢的科目是政治。

其二，她知道自己家在最困难的时候，是靠党和政府的帮助才渡过难关，她要通过上大学接受高层次教育，学成回家乡投身教育事业，回报家乡父老的养育之恩。

其三，她觉得思想政治教育工作特别重要。

黄文秀把选择思想政治教育专业的原因告诉姐姐，希望得到姐姐的支持。黄爱娟被妹妹的崇高思想觉悟所感动，略带惭愧地说："你思想境界高、胸怀广，姐姐支持你的选择。"

黄文秀和姐姐统一意见后根据自己高考分数，填报自己心仪的学校，其中就有长治学院。

黄文秀选择到长治读大学，源于电视剧《上党战役》。从《上党战役》中她了解到，坐落在太行山巅、上党高地地缘中心的长治和百色一样都是革命老区、红色之地。黄文秀被长治众多的历史古迹和红色遗址所吸引，决定到这块凝聚着天地间灵气、孕育着优秀人物的沃土度过大学时光。

2008年9月，19岁的黄文秀告别家人和亲友，带着父母的嘱托与希望，独自离家远行，奔向心中的圣地。

长治学院创建于1958年，坐落在太行精神发源地、上党古城长治市区。长治市地处山西省东南部、太行山南段，全境位于太行山和太岳山环绕而成的上党盆地，东倚太行山，与河北省邯郸市、河南省安阳市为邻；西屏太岳山，与临汾市接壤；南部与晋城市毗邻；北部与晋中市交界。学院前身为晋东南师范专科学校，2001年起与山西师范大学联合招收培养本科生，2004年教育部批准升格为综合性全日制普通本科高校、学士学位授予单位。长治学院在她六十多年的风雨历程中，向社会输送了数万名合格的社会主义事业建设者和接班人，涌现出一大批专家、学者、模范和领导干部。

长治学院分南北两个校区，政法系位于南校区。2008年，长治学院思想政治教育专业招收学生97人，分为两个班级。2008级思政1班48人，黄文秀成为该班的一员。

每级新生报到，系领导和班主任、辅导员都要在第一时间深入学生公寓，走访新生。为了做到有的放矢，每次走访之前，系党总支书记程过富都要对每个新生的大致情况已有个基本了解。学生公寓4号楼301房间住着6个同学，只有黄文秀既是外省籍，又是少数民族。事先，程过富看过她的资料：高考成绩523分（2008年，广西二本的文科录取分数线是470分），按说她有较大的选择空间，没有必要千里迢迢到一个自己不熟悉的地级市来求学。因此，走访301宿舍时，他特意问黄文秀："百色离长治千里之遥，你的成绩还不错，可以选择更好一点的大学或者较大些的城市上学，为什么选择来长治学院求学？"黄文秀毫不犹豫地回答："程老师，我仰慕长治。"

尽管黄文秀说得轻松，但程书记还是愣了一下，追问："为什么仰慕长治？"她如数家珍地娓娓道来："我出生在百色盆地，百色的特点是：'古、老、少、边、山、穷、库'，右江河谷是古人类活动中心之一，是壮族的发祥地，也是革命老区。尽管家乡比较贫困，我还是很爱她。我从小听师长经常讲述革命故事，得知早在1929年，邓小平等老一辈无产阶级革命家领导和发动了著名的百色起义，创建了中国工农红军第七军，成立了右江苏维埃政府，开辟了右江革命根据地。师长们讲述百色革命故事时，还常常提到太行山革命根据地，从而得知：八路军总部和中共中央北方局长期驻在由太行山、太岳山所环绕的上党地区。朱德、彭德怀、左权、任弼时、刘伯承、邓小平等老一辈革命家在这里领导华北敌后抗战,特别是自己崇敬的邓小平与他领导的129师曾在长治一带生活和战斗近十年。八路军将士在这块神奇的土地上鏖战日寇,喋血疆场,充满了中华民族的正能量。我到长治求学,并选择思想政治教育专业,为的是能够在先烈鲜血浸染的这块红色土壤里汲取丰富的精神营养。"

黄文秀简单又非常得体的回答,赢得在场人们的热烈掌声。正是她充满朴实与真情的表述,程书记对这个来自远方的壮族学生有了深刻印象。

黄文秀是学生公寓4号楼301宿舍的舍长,在思政08级1班曾先后担任班级生活委员和团支部组织委员。

长治学院校风好、教风正、学风浓,考研蔚然成风。黄文秀入长治学院时,政法系思想政治教育专业的考研录取率已在50%左右。虽然考研录取率不算低,但是,黄文秀原本并没有计划考研,她打算"本科一毕业就回百色老家工作,回报家乡,回报父母"。对此,时任政法系党总支书记兼学生党支部书记的程过富向黄文秀提出了考研的要求。程过富对黄文秀说:"你已是入党发展对象了,应积极考研,现在最好是克服一切困难,到北京那些一流大学学习几年,再上一个台阶,这样才能发挥更大的作用,更好地回报家乡、回报父母。"在程老师的动员下,黄文秀确定了考研的目标。

考研目标确定之后,黄文秀开始向既定目标冲刺。通过一年多的拼搏,她终于如愿以偿,成为北京师范大学哲学学院思想政治教育专业硕士研究生。

2011年6月2日,黄文秀被党组织接收为中国共产党预备党员;在毕业前夕的2012年6月6日,经支部大会表决通过,按期转为中国共产党正式党员。

2012年9月,黄文秀开启了她在北京师范大学哲学学院思想政治教育专业攻读硕士学位研究生的生活。

其间，令黄文秀终生难忘的是中国第30个教师节前夕的2014年9月9日。这一天，习近平总书记到北京师范大学看望师生，她近距离地聆听了习近平总书记的讲话。

习近平总书记对青年学生寄予厚望，他饱含深情地说道："见到你们，我就回想起自己的学生时代。教过我的老师很多，至今我都能记得他们的样子，他们教给我知识、教给我做人的道理，让我受益无穷。学生时代是人一生最美好的时光，长身体、长知识、长才干，每天都有新收获，每天都有新期待。我希望在座的同学们，也希望全国2.6亿在校学生，珍惜学习时光，多学知识，多学道理，多学本领，热爱劳动，身心健康，茁壮成长。"

习近平总书记的重要讲话，每一句都使黄文秀激动不已，让她信心倍增。她立志做一名有理想信念、有道德情操、有扎实学识、有仁爱之心的优秀青年，按照共产党员的标准在实现中华民族伟大复兴中国梦的征程中做出更大贡献。

三、思想升华

2008年9月，长治学院政法系迎来了黄文秀等194名学生。和往年一样，系领导按照分工向新生介绍学校情况、系级情况，对他们进行思想教育、政治教育、纪律教育、安全教育、心理教育和职业规划，帮助他们树立正确的人生目标和学习目的，让他们尽快融入大学生活。程过富老师作为时任政法系党总支书记，把大学生入党的一系列程序及其每个程序相应要求都向新生作了说明；同时，对学院党委组织部按照《中国共产党章程》规定的长治学院大学生入党条件也向他们作了解释。

鉴于政法系特别是思想政治教育专业的专业特点，大学生普遍有迫切要求入党的愿望。针对这个情况，历级学生入学后第一次递交《入党申请书》都是先由申请者本人在规定的时间内主动交给该班团支部书记，再由团支部书记统一把《入党申请书》交到党总支书记办公室。2008年国庆节后第一个上班日下午两节课后，思政08级1班团支部书记杨阳同学把该班41份《入党申请书》郑重地交给了程书记。之后，其他几位同学也陆陆续续向党组织递交了《入党申请书》。

次日课间，黄文秀就迫不及待地来到党总支书记办公室问程书记，她递交的《入党申请书》是否符合要求。由于之前，团支部书记统一把该班的《入党申请书》递交后，亲自过问的学生不多见，于是程书记问黄文秀："你为什么如此关心你的《入党申请书》？"

她回答说："程老师，我出生在贫困家庭，自幼受到党的关怀，对党有感恩之心。离家之前，父亲千叮咛、万嘱咐：'没有共产党，我们家不可能有今天的生活，到了长治学院，你一定要争取早日入党。'父亲的嘱托我谨记在心，入党是我与父亲共同的心愿，我不能马虎。"

于是，程书记找出黄文秀的《入党申请书》开始翻阅，下面是黄文秀《入党申请书》的内容。

敬爱的党组织：

我叫黄文秀，为2008级政法系1班的学生。作为一名少数民族——壮族出来的大学生，我今天怀着无比憧憬和激动的心情，向党组织提出申请——我请求加入中国共产党。愿意在党组织的领导下，为实现共产主义事业奋斗终身！

当我刚刚懂事的时候，就从父母、老师那里，从教科书中，听到了"中国共产党"这个名字。知道了中国共产党是为人民服务的党，没有中国共产党就没有新中国，就没有我们的幸福生活。通过学习我认识到，中国共产党是中国工人阶级的先锋队，同时是中国人民和中华民族的先锋队，是中国特色社会主义事业的领导核心，代表中国先进生产力的发展要求，代表中国先进文化的前进方向，代表中国最广大人民的根本利益。党的最高理想和最终目标是实现共产主义。中国共产党诞生之时，中国人民面对的是一个灾难深重的旧中国。将近90年后的今天，我们已经拥有一个欣欣向荣的社会主义祖国。这个巨大变化，是中华民族发展史上的一个奇迹。这个奇迹的创造者就是中国共产党，是她带领全国人民完成了新民主主义革命，实现了民族独立和人民解放；建立了社会主义制度，实现了中国历史上最广泛、最深刻的社会变革；开创了中国特色社会主义事业，为实现中华民族伟大复兴开创了正确道路；建立了独立的和比较完善的国民经济体系，增强了综合国力；不断发展社会主义文化，日益丰富了全国人民的精神生活；彻底结束了旧中国一盘散沙的局面，实现了国家的高度统一和空前团结；锻造了一支党绝对领导之下的人民军队，建立起了巩固的国防；坚持独立自主的和平外交政策，为世界和平与发展的崇高事业做出了重要贡献。诚然，在我们党的历史上也出现过一些错误，但我们的党能够及时地发现失误，勇于纠正偏差，敢于惩治腐败，这正是她的伟大之所在。无数事实证明，中国共产党不愧为伟大、光荣、正确的马克思主义政党，不愧为领导中国人民不断开创新事业的核心力量。

一个人要活得有意义，生存得有价值，就不能光为自己而活，要用自己的力量为他人、为国家、为民族、为社会做出贡献。常言道：独木难成林。个人的力量毕竟是有限的，对社会贡献是无限的。只有把个人的力量融入集体的力量之中，才能发挥出更大的作用；只有把个人的追求融入党的理想之中，理想才会更远大。中国共产党的宗旨是全心全意为人民服务，最终目标是实现共产主义。为了使自己活得更有意义，生存得更有价值，我迫切要求加入中国共产党，希望能够成为党的一分子，成为一名坚强的共产主义战士。

我清楚地知道，加入中国共产党，仅有一腔热忱和良好的愿望是不够的，还必须付之于实际行动中。作为一名青年大学生，不仅要珍惜青春年华，珍惜学习机会，刻苦学习科学文化知识，夯实基础，拓宽视野，掌握为人民服务的本领，努力成为一名合格的社会主义事业建设者和接班人，更要认真学习马列主义、毛泽东思想、邓小平理论和"三个代表"重要思想，学习科学发展观，深刻理解和领会党的十七大的精神实质，不断提高自身政治素质、理论水平和辨别是非的能力。同时，还要牢固树立正确的世界观、人生观和价值观，树立共产主义远大理想，自觉地把个人的前途同民族的命运、国家的昌盛联系在一起，把个人的奋斗同时代的进步紧密联系，决不辜负党的培养、祖国的重托和人民的期望，肩负起时代赋予青年大学生的历史重任，为实现中华民族伟大复兴而努力。而且，在日常生活中我要向党员同志学习、看齐，以一个共产党员的标准严格要求自己，争取早日成为一名光荣的中国共产党党员。

请党组织给予考察和培养。

此致

敬礼！

入党申请人：黄文秀
2008年10月5日

程书记认真翻阅后告诉黄文秀："还可以，符合要求；你再看看党章，要兑现申请书上的承诺，争取能够早日入党。"黄文秀回答道："好的，程老师，我一定按您说的做。"

随之，黄文秀请程老师为她推荐一些积极向上的课外读物。当时程老师对她说："首先要读《见证共和国》（全称是《见证共和国：全国唯一的一至十届人大代表申纪兰》），申纪兰是个'国宝'，是全国唯一的第一届到第十一届全国人大代表，你应该好好向申纪兰学习；再一本是《太行精神光耀千秋》，因为你来长治这个地方，是要汲取太行精神的；还有《毛泽东传》《周恩来传》《总设计师邓小平》《青年学生入党培训教材》《中国共产党历史（第一卷）》《中国共产党简史》《中国共产党历史二十八讲》

《共产党宣言》《新党章学习问答200题》《邓小平与中国新道路》《西行漫记》《钢铁是怎样炼成的》《把一切献给党》等。"

黄文秀从递交《入党申请书》起,就积极向党组织靠拢,主动接受党组织的考验和培养。她肩负父亲的嘱托,递交《入党申请书》以来一直坚持每月向党组织递交思想汇报,尽管入党的心情很迫切,但是受大学一年级学习成绩的影响,直到2010年初,即大学二年级第二学期,她才经共青团组织推优、公示后被党组织确定为入党积极分子。成为入党积极分子,对于期盼入党已久的黄文秀来说,显得无比兴奋。程书记记得她当即递交了一份思想汇报,表示在此后的入党积极分子培训学习、组织考察中要格外珍惜和严格要求自己。

同黄文秀一期参加培训学习、组织考察的入党积极分子共81人,最终经考核合格、领到结业证的有76人。由于专业的特点,每次政法系入党积极分子培训班都有多位党员教师义务为他们讲授相关内容。为黄文秀这期义务讲授党课的党员教师有程过富、刘隆、王玉明、李豫晋、杨晓娟、陈旭贵、秦楼月、张晓梅、王潘、王海斌、任红霞、杜利英、蔡璐、郭慧珍等十多人,其中程过富讲的次数最多。在每次讲课后,教师都要求学员或写心得体会或分组讨论,培训期间还组织学员到附近的上党战役旧址、太行太岳烈士陵园、日军炮楼旧址等接受现场教育。

这么多党员教师,一致认为黄文秀特别重视入党积极分子培训班的培训学习。大家说:她每次听课都坐在前面几排,认真听、认真记,一丝不苟;几乎每次课后都向授课教师请教一些问题;讨论时积极发言。

入党积极分子培训期间,黄文秀与程过富书记的几次交谈,至今让程书记记忆深刻。一次是她听了程过富讲《了解党的功绩,坚信党的领导》后说:"共产党太伟大了,我现在真正明白了没有共产党就没有新中国,也就没有今天中国巨大发展的道理。"另一次是程过富讲《树立远大理想》:

"树立共产主义远大理想,对大学生入党积极分子而言就需要树立远大的志向,要在法律的、道德的、政策的范围内勇于发展、善于发展、带头发展。"对此,黄文秀在课后说:"程老师,我以前给自己定的人生目标是当个省级模范教师。听了您讲的《树立远大理想》后,我要勇于发展自己,树立共产主义远大理想,像申纪兰奶奶一样当个全国模范。"还有一次,程过富讲《争取早日入党》中强调:每个入党积极分子都想早日入党,这是可以理解的。但是,只有具有争取一辈子入党的思想准备,才能达到早日入党的目的。对于这个问题,黄文秀问程过富:"程老师,您说的意思可以理解为入党前就应当对照党章,无论是学习还是其他方面都以党员标准严格要求自己?"程过富回答她说:"按党员标准严格要求自己,具备了入党条件,党组织就会考虑。"她高兴地说:"我会按党员标准严格要求自己,争取早日入党。"

然而,黄文秀在入党的过程中,却并不顺利。她所在班级,从大二第一个学期,就有两位同学被党组织发展为预备党员;大二第二个学期,再有两位同学被党组织发展为预备党员;大三第一个学期又有两位同学被党组织发展为预备党员。原先最有希望的黄文秀,却一直徘徊在党组织的门外。

黄文秀入党受阻后,找总支书记程过富进行思想汇报,倾诉自己加入党组织的迫切心情,希望党组织给她指出不足之处。程过富向当时负责推荐工作的老师了解情况,该老师说:"主要原因是一些同学对她外出打工不能专心在学校学习有看法。"

程过富知道黄文秀的父母多年病体缠身,没有能力为她提供生活费用,她迫不得已才去打工。可是,现今的学生大多在蜜罐中长大,不知出身穷苦人家的孩子生活不易。程过富本想出面劝劝那些不了解情况的同学,多关心黄文秀。转而一想,饱经风霜才能磨炼人的意志,让她在惊涛骇浪中成长,也是一件好事!

的确，黄文秀遇到挫折后，她不怪同学们对自己的苛刻，而是从自身找问题。她把关爱送给他人，困难留给自己。

黄文秀自己节衣缩食、省吃俭用，为节约路费，寒暑假很少回家。但是，学校开展慰问福利院等方面的公益活动，她总是忙前忙后，捐钱捐物；班里推荐贫困补助名单，她总会谦让给其他同学。

黄文秀靠自强不息的拼搏精神，以无私奉献的人格魅力慢慢地获得了同学们的理解。

通过党组织对黄文秀的培养教育和她自身的努力，黄文秀一步步地成长、一步步地走向成熟、一步步地成为一个具有坚定信仰的共产主义者，终于在大三第一个学期末被确定为入党发展对象。半年后，2011年6月2日，经支部大会讨论，一致表决通过接收黄文秀同志为中国共产党预备党员。

黄文秀入党后，她更加信心百倍、精神抖擞，一如既往地按照党员标准严格要求自己，坚持向党组织递交思想汇报，积极参加党组织的会议和活动，模范完成党组织交给她的工作和任务，刻苦学习专业知识，努力提升为人民服务的本领。在黄文秀毕业前夕的2012年6月6日，经支部大会讨论，一致表决通过，按期将黄文秀同志转为中国共产党正式党员。

四、扶贫路上

2015年11月，广西壮族自治区委员会组织部到北京师范大学招录定向选调生，黄文秀毫不犹豫地填写了《广西2016年定向北京师范大学选调应届毕业生报名表》。作为北京师范大学的优秀硕士生，黄文秀被广西壮族自治区组织部录用为定向选调生。她主动要求回自然条件较差的百色老区工作，自治区党委组织部安排这位优秀选调生到中共百色市委宣传部工作。

北京，犹如一颗璀璨的明珠，绽放着耀眼的光芒，要离开了，黄文秀还真依依不舍。她喜欢北京，热爱北京，在北京上学这几年，走路时经常哼唱着"北京,北京,我爱你"。她爱北京历史悠久、文化灿烂、建筑宏伟、园林典雅,更爱北京人的尊贤礼让、开放包容、守正创新、热情奔放。朝夕相处,黄文秀深刻体会到北京作为全国政治、经济、文化、科技、外交和交通中心,其资源优势会给年轻人的发展提供优越的社会生态环境。虽说繁华多彩、充满生机和魅力的北京令黄文秀梦萦魂绕,但是,为建设家乡贡献力量的情怀,入党时对党组织的承诺,驱使她在青春正茂的岁月里,舍弃留京优渥的生活,选择与艰辛和泥泞为伴,立志以青春之奋斗,致力建设好养育她的家乡。

2016年7月,黄文秀硕士研究生毕业后,坚定地踏上南下广西的列车,回到了生她养她的革命老区百色,以定向选调生的身份到百色市委宣传部报到。

初进宣传部,部里先安排黄文秀在部办公室做一般事务性工作。平时的工作主要内容包括接听电话、收发文件、上传下达、布置会场、分发资料、打扫卫生、准备开水、安排住宿等琐碎工作。有人说,一个名牌大学研究生做这些琐碎事务体现不出自身价值,随便应付应付就行了。黄文秀却认为,办公室工作无小事,要做好这项工作,需要在思想上充分认识工作的重要性,需要具备适应岗位的能力和水平,还需要专心致志、踏踏实实、一丝不苟、全力以赴的精神品质。因此,她工作认真负责,没有丝毫马虎,根据事情的轻重缓急去分别处理,把琐碎、繁杂的事务安排得井井有条。

黄文秀回百色工作的初心是致力于改变家乡贫困落后的面貌,在市委宣传部一年实习期满转正后,第一时间主动要求下基层,到农村扶贫第一线。

党组织认为黄文秀在办公室工作期间,恪尽职守、辛勤工作、严谨求实、奋发进取,圆满完成了由学生到国家行政工作人员角色的转换,表现出色,批准黄文秀下乡扶贫的请求,派她到田阳县那满镇挂任党委副书记。

2017年9月黄文秀到田阳县那满镇报到,报到的当天就随镇长覃素娟到内江村参加村民委员会选举工作。在与黄文秀的交谈中,覃素娟惊讶地发现,新来的副书记对那满镇的情况了解得蛮多,她认定黄文秀会尽心尽力做好工作。

根据镇党委分工,黄文秀分管宣传、旅游和计划生育工作,还是百敢村包联干部。

黄文秀在那满镇挂职党委副书记不久,党的第十九次全国代表大会在北京胜利召开。2017年10月18日,她同镇里的党员干部共同收看了党的十九大开幕盛况,认真聆听和深刻领会习近平总书记代表第十八届中央委员会向大会作的题为《决胜全面建成小康社会 夺取新时代中国特色社会主义伟大胜利》报告。会后,她进一步学习研究党的十九大精神,结合决胜全面建成小康社会的实际,积极开展宣讲十九大精神的活动,把党的十九大精神贯彻落实到各项具体的工作中。

那满镇管辖13个村,138个自然屯子,区域总面积130.87平方千米,耕地面积约2万亩,总人口约2.3万人,最远的屯子离镇政府驻地有30多里。黄文秀要想常到村庄了解情况,仅靠两条腿步行,工作效率肯定低,交通工具成了必需品。为了方便工作,黄文秀下决心贷款买车。那时,她月工资只有3500元,每月还2400元车贷,还得给家里一些经济补贴,生活的艰辛可想而知。

有了汽车,黄文秀为群众服务起来更方便。她经常开车拉育龄妇女做优生优育检查,陪同检查完后,再把她们逐个送回家。

黄文秀挂任那满镇挂职党委副书记半年里,融入基层,认真负责完成所分管的党务、新农村建设和计生的每一项工作,很快就得到了领导和群众的认同。

2018年3月,黄文秀在那满镇挂职期满,返回百色市委宣传部。刚回到宣传部,听说部里要增派干部到深度贫困村担任驻村第一书记,黄文秀立刻积极主动报名。组织部门批准了她的请求,派遣她到乐业县新化镇百坭村担任驻村第一书记。

乐业县位于广西的西北部,地处黔桂两省三市(州)七县结合部,平均海拔1128米,是百色市海拔最高的县。由于全县境内山高谷深,地形复杂,地理位置偏远,交通设施差,农产品运不出,百姓勤而不富,被列入国家扶贫工作重点县。2015年4月,中央发出通知,要求各级党委选派优秀干部到建档立卡贫困农村担任第一书记。从那时起,百色市每年都派一批机关干部到乐业县担任驻村第一书记。

百坭村位于乐业县大石山区群山深处,是"十三五"重点扶贫的自治区级深度贫困村。这里石山林立,山路蜿蜒陡峭,全村472户2068人,分散在相距较远的11个自然屯里,好几个屯距村部都在10千米以上,最远的那洋屯距村部13千米。该村土地贫瘠,交通不畅,多发山洪泥流灾害,产业基础薄弱,经济落后,生活艰苦,群众思想观念保守,有195户是建档立卡的贫困户。

2018年3月26日,黄文秀到乐业县新化镇报到。这天,百坭村村支书周昌战兴高采烈地赶到镇党委办公室对接驻村第一书记。当他看到第一书记是个年轻姑娘时,心生质疑,她能干得好大山村里的第一书记?

从周昌战的面部表情变化,黄文秀明白他的顾虑。她知道一切解释都苍白无力,要想让村支书内心认可自己,只有实际工作到位,才有效果。

镇党委书记黄保锦看出周昌战的心事,特意加重语气说:"黄文秀同志是市委宣传部干部,北师大研究生,来咱们这里之前,在田阳县那满镇担任党委副书记。希望你们村'两委'要大力支持她,一起把百坭村的脱贫攻坚工作搞好。"

"我们一定支持!"军人出身的周昌战以服从为天职,对镇党委书记的安排习惯性地作出积极回应。但是,他仍然在担心这个文弱的女孩子不了解大山里生活的艰辛,压低声音提醒道:"驻村很艰苦,你能坚持吗?"

黄文秀微笑着回答:"没问题!"

随着"没问题"这个铿锵有力的回答,黄文秀坐在周昌战的车上。

村干部和村民代表得知村支书到镇政府接驻村第一书记,他们便早早来到村部迎接新来的第一书记。

当周昌战把车停下，不少村民围过来，看到推开车门的黄文秀，多数村民瞬间愣住："怎么是个女孩子？"

"她能带领大家脱贫致富？"

"肯定不行，就是挂个名吧！"

对村民的纷纷议论，黄文秀早有思想准备，并不觉尴尬，笑嘻嘻地下车同村民打招呼："大家好，我叫黄文秀，大家可以叫我阿秀。"

村干部把黄文秀的行李搬到村部一层一个小单间里。放下行李，妇联主任韦玉行刚要动手铺床，却被黄文秀拦住："阿姐，行李堆在那，咱们先开会吧！"

在这个见面会上，村干部们在互动中客气地说："欢迎黄书记来百坭工作。"黄文秀谦和地说："大家叫我阿秀就行。但，我这个阿秀不是来作秀的，真的是来干活的。我主动报名来同大家一起脱贫攻坚，希望大家多多支持我的工作。"

黄文秀对百坭村的第一印象，可以从她2018年4月4日的驻村日记中看到：

我对百坭村的初步印象如下：

（1）外在：

①环境卫生有待提高，村部脏乱差也较为严重。

②宣传：未见关于社会主义核心价值观的宣传海报。

（2）内在：

乡风文明有待加强。……

习近平总书记一直强调："要坚持精准扶贫、精准脱贫，找到问题根源，增强脱贫措施的实效性。"黄文秀为了贯彻落实习近平总书记关于精准扶贫的重要指示，为了全面掌握百坭村的致贫原因和现状，在第一次支委会和村委会上，她向"两委"介绍了习近平总书记和党中央脱贫攻坚的决心和全国脱贫攻坚的情况，要求村干部对贫困户开展遍访工作，深入分析百坭村的致贫原因和现状，认真查摆问题，实现脱贫措施精准，如期完成全村的脱贫攻坚任务。

驻村第一书记与挂职乡镇副书记的工作性质不同，黄文秀第一次到深度贫困农村领导脱贫攻坚工作，算是新手上路。面对195户建档立卡的贫困户，她感觉肩上的担子沉甸甸的。她知道，摆在自己面前的是一块脱贫攻坚的"硬骨头"。尽管这副担子如泰山压顶般的沉重，但既然选择了，就没有退路。黄文秀想起选择考研时的情况，当时也有泰山压顶的感觉，那是为了完成系党组织的建议，也是为了更有能力建设好百色，咬咬牙，披星戴月奋战一年，总算啃下那块硬骨头。想想百坭村195户村民还在贫困中生活，黄文秀认为自己身为共产党的青年干部，必须勇敢地带领村"两委"帮助这195户村民脱贫，必须打赢脱贫攻坚战。

2019年3月26日，黄文秀担任百色市乐业县新化镇百坭村驻村第一书记刚满一年。一年来，她坚持带领群众学习贯彻习近平总书记关于扶贫工作的重要论述，坚持吃住在村，摸透村情民意，团结党员群众，以昂扬的斗志、饱满的热情、旺盛的干劲，带领村"两委"干部如期完成百坭村2018年的各项脱贫攻坚任务。这一天，黄文秀的汽车仪表盘上的里程数正好增加了25000千米，她在微信朋友圈发了一条感言："我心中的长征，驻村一周年愉快。"并写了扶贫一周年感想，内容如下：

扶贫，从"新手"到"熟路"

2019年全国两会召开期间，习近平总书记多次谈到脱贫攻坚。在参加甘肃代表团审议时，习近平总书记强调，脱贫攻坚越到紧要关头，越要坚定必

第一章 "七一勋章"获得者、"时代楷模"黄文秀

胜的信心,越要有一鼓作气的决心,尽锐出战、迎难而上,真抓实干、精准施策,确保脱贫攻坚任务如期完成。

作为脱贫攻坚一线的基层干部,学习习近平总书记的重要讲话精神,我深有感触。

2019年3月26日,我担任百色市乐业县新化镇百坭村驻村第一书记刚满一年。一年来,我坚持带领群众学习贯彻习近平总书记关于扶贫工作的重要论述,坚持吃住在村,摸透村情民意,团结党员群众,以昂扬的斗志、饱满的热情、旺盛的干劲,带领村"两委"干部如期完成百坭村2018年的各项脱贫攻坚任务。

在我驻村满一年的那天,我的汽车仪表盘里程数正好增加了25000公里,我简单地发了一个朋友圈:"我心中的长征,驻村一周年愉快。"

还记得初到百坭村的情景,那时候我还是一个从没有接触过农村工作的新手。为了贯彻落实习近平总书记一直强调的"坚持精准扶贫、精准脱贫,找到问题根源,增强脱贫措施的实效性",为了全面掌握百坭村的致贫原因和现状,我坚持用土办法,对村内的贫困户开展遍访工作,认真查摆问题并听取民情民意。

但是百坭村全村一共有195户建档立卡贫困户,分散居住在几个不同的山头,对于我这个不熟悉地形的新手来说,要在最短时间内掌握全村贫困户的详细情况,是非常困难的。但我没有失去信心,我想起了那句话——"让扶过贫的人像战争年代打过仗的人那样自豪",长征中的战士死都不怕,这点困难怎么能限制我继续前行。

到了驻村第二周的周末,我将车子小心翼翼地开到村里,正式开始我的扶贫之路。作为百坭村首位女第一书记,村民对我的到来都表示怀疑:"之前来了这么多书记,有的来村里镀层金就回城里升官了,你这个小年轻估计也是来走个过场的,我们跟你聊了也没用。""跟你说了你能帮我们解决问

题吗？来了这么多第一书记都没让我们村富起来，你一个女娃娃就能行？别在这儿耽误工夫了，赶紧回城里享福去吧。"……听到村民们这么说，我觉得心里憋屈，搞不懂为什么我辛辛苦苦地翻山越岭、走街串户，老百姓却对我这么排斥。

我找到了村里的老支书向他请教，老支书语重心长地对我说："黄书记，你刚来，老百姓对你还不熟悉，他们不愿意与你深聊，你也要理解他们。农村其实是一个熟人社会，老百姓跟你熟了，自然就接纳你了。"如何才能跟老百姓熟起来？那天晚上回到宿舍，我一宿没睡着。要想让老百姓愿意接近我，就得让老百姓觉得我和他们是一样的。

从那以后，我到贫困户家不再拿着个本子问东问西，而是脱下外套帮贫困户家扫院子；贫困户不让我进家门，我就去两次、三次；贫困户不在家，我就去田里，边帮他们干农活边聊天。时间久了，村民们跟我见得多了，开始慢慢地接受了我。"你这个女娃娃还真是难'缠'得很哩！"不少贫困户跟我开玩笑说。

经过两个月的摸底，我基本掌握了全村概况，百坭村共有472户2068人，建档立卡的贫困户195户883人，2017年未脱贫的为154户691人，因学致贫和因残、因病致贫占比最高。

除了走访全村的贫困户之外，我还有针对性地走访了村内党员、退休村干、退休教师以及各村屯的小组组长。他们反映最为集中的一个问题就是山上片区五个屯的通屯道路硬化问题。这五个屯在2014年已经修通通屯的砂石路，但南方雨季长、雨量多，多处路段砂石已被雨水冲刷流失，一下雨，路面就泥泞不堪，坡度较陡的路段雨季摩托车都不能通行，还有一些路段因泥石流、滑坡等出现了垮塌。这不仅影响了附近群众的交通出行，还有一个关键问题，全村的产业都集中在这五个屯的范围内，基础设施的完善对百坭村的发展至关重要。对于群众反映的这些问题，我都一一记录在驻村日记中，并向上级相关部门反映情况。2019年，除了两条路已达到通屯道路标准没有列入之外，其余3条路已列入乐业县2019年第一批财政专项扶贫资金安排项目。

习近平总书记关于"六个精准"的论述一直是我开展扶贫工作的方法论。为了实现"帮扶措施"精准，按照县里的统一要求，我在村内组织召开了多轮研判会，针对全村未脱贫户、已脱贫户，每一位结对帮扶干部就自己帮扶贫困户的收入情况、产业发展情况进行了汇总。对于已脱贫的贫困户也不能降低帮扶力度，继续做好跟踪帮扶工作，同时建立返贫预警机制，巩固脱贫成效；对于未脱贫户则是因户施策，杜绝虚假脱贫和"数字"脱贫。同时，同步做好国家扶贫政策的宣传，提高群众的知晓率和获得感。

……

2018年行驶过的扶贫之路，对我而言更像是心中的长征，在这条路上，我拿出了极大的勇气和极大的信心，克服各种困难，带领全村2018年通过易地扶贫搬迁脱贫18户56人，教育脱贫28户152人，发展生产脱贫42户209人，共计88户417人，完成了屯内1.5公里的道路硬化，4个蓄水池的新建，一个屯17盏路灯的亮化工作，村集体经济收入实现6.38万元，获得了2018年度"乡风文明"红旗村荣誉称号。

截至目前，全村还有15户56人未脱贫，百坭村的基本公共服务还有待建设完善，如何推进产业发展还需继续谋划。面对这些，我充满信心，我将一如既往地坚持贯彻落实习近平总书记关于扶贫工作的重要论述，坚持目标标准不动摇，贯彻精准方略不懈怠。行百里者半九十，不搞急功近利，杜绝形式主义，继续加强农村基层党组织建设，继续增强群众获得感、幸福感、安全感，为百坭村如期打赢脱贫攻坚战、如期和全国同步进入小康社会做出新的贡献。

2019年6月16日，周日傍晚，黄文秀在宣传部谈完工作，急匆匆地出门驱车返回百坭村，同事劝她："天色已黑，预报有雨，明天再回村里吧！"

她谢过同事的关心，坚持要走，她说："就是因为要下暴雨，村里可能会受灾，更应该马上回去。"在赶赴百坭村的路上，黄文秀停下车来给村支书周昌战发消息，询问村里的情况："我正在赶回来，一定要随时关注群众的生命财产安全！"

17日凌晨，黄文秀的电话再也无法接通。雨夜凌晨，山洪袭来，黄文秀30岁的生命永远定格在了扶贫路上……

第二章
黄文秀茁壮成长的源头活水

第二章　黄文秀茁壮成长的源头活水

中国共产党在一百多年非凡奋斗历程中，一代又一代中国共产党人秉持为中国人民谋幸福、为中华民族谋复兴的初心和使命，顽强拼搏、不懈奋斗、不怕牺牲、英勇斗争，涌现出一大批赴汤蹈火、视死如归的革命英烈和一大批无私奉献、鞠躬尽瘁的先进模范。他们用自己的坚定信仰、爱国情怀，不懈拼搏，成为中华民族闪亮的精神坐标。在战争年代的血雨腥风中，方志敏、赵一曼、董存瑞……无数英烈抛头颅、洒热血，不惧风险、敢于斗争，用生命换来民族独立和人民解放。中华人民共和国成立后，为改变国家贫穷落后的面貌，我们党在探索中前行，雷锋、焦裕禄、王进喜……一批批英雄模范不畏艰辛、冲锋在前，为社会主义建设无私奉献。改革开放以来，党带领全国人民走中国特色的社会主义道路，创造了举世瞩目的发展奇迹，孔繁森、杨善洲、孙家栋……涌现出层出不穷的英雄模范，他们勇于进取、开拓创新，持续激发广大党员、干部和人民群众开拓奋进、干事创业的积极性。党的十八大以来，全党全军全国各族人民砥砺奋进，在全面建成小康社会进程中，各行各业涌现出许许多多无怨无悔、大公无私的英雄模范。一辈子深藏功名、初心不改的张富清，把青春和生命献给脱贫事业的黄文秀，为战胜新冠肺炎疫情作出巨大贡献的钟南山……他们用不平凡的人生书写着新时代的英雄故事。

任何英雄模范人物的成长，都具有特定的文化土壤、理论根基和时代背景。黄文秀作为脱贫攻坚的驻村第一书记，在自己的岗位上向党和人民交出了一份优秀的答卷。她能成长为"七一勋章"获得者和"时代楷模"，是中华优秀传统文化和中国共产党红色文化孕育出来的，是在习近平新时代中国特色社会主义思想的哺育下成长起来的，是在中国特色社会主义新时代勇于担当、甘于奉献、用美好青春诠释中国共产党人初心使命的过程中成长起来的，是在决战决胜脱贫攻坚、全面建成小康社会、实现"两个一百年"奋斗目标的实践过程中成长起来的，这些方面是黄文秀茁壮成长的源头活水。

一、黄文秀茁壮成长的文化渊源

黄文秀从一个贫困农家小姑娘成长为国家高层次人才,直到成长为全国青年人的楷模,彰显着中国传统文化和红色文化的无穷魅力。黄文秀从小得到勤俭家风美德的熏陶和民族地区淳朴民风的滋润,长期接受着革命老区红色精神的养育。习近平总书记指出:"只有坚持从历史走向未来,从延续民族文化血脉中开拓前进,我们才能做好今天的事业。"可以说,黄文秀的茁壮成长是中华优秀传统文化和红色文化的乳汁哺育的丰硕成果。

1.黄文秀与中华优秀传统文化

传承和弘扬中华优秀传统文化,做有益于人民、有益于民族、有益于国家的事,在黄文秀身上得到了充分体现。

习近平总书记指出:"文化是一个国家、一个民族的灵魂。历史和现实都表明,一个抛弃了或者背叛了自己历史文化的民族,不仅不可能发展起来,而且很可能上演一幕幕历史悲剧。"黄文秀是中国共产党的优秀党员,同时也是中华民族的优秀子孙。她平凡而又光辉的一生,既体现了共产主义精神,也体现了伟大的中华民族精神。

马克思主义认为,各个民族之所以不同,不仅在于他们生活条件的不同,而且在于民族文化特点上的精神形态不同。民族精神是一个民族不同于其他民族根本的文化标识,是流淌在一个民族有机体中的血脉,是一个民族的文化之魂,是一个民族在长期的生产实践和生活交往中形成的民族性格,是一个民族理想信仰、价值观念、道德追求的结晶和升华,也是一个民族赖以生存和发展的精神支撑。中华民族精神是在几千年源远流长的历史进程中培育的,是中国各族人民用勤劳的汗水和智慧铸就的,其中既经历了洪荒蛮力,也经历了文明巧工;既遭受了战乱离苦,也拥有了和平安居;曾经积贫积弱,也曾经繁华强盛;既渗透了"道法自然"的生存智慧,也锻造了"人定胜天"的无畏气概。中华民族精神体现着中国人民的劳动成果，凝聚着中国人民的聪明智慧，经过了去粗取精、去伪存真，是几千年中华优秀传统文化的升华和几千年中华文明的结晶，凝结着人类对真、善、美的追求，表达着人类最崇高的信仰。中国共产党领导人民在长期实践中不断结合时代和社会发展的要求，丰富着中华民族精神。在新时代，习近平总书记站在历史发展与时代进步有机统一的战略高度，把伟大民族精神概括为伟大创造精神、伟大奋斗精神、伟大团结精神、伟大梦想精神，这四种伟大精神就像支撑中华民族这艘航船的"四大引擎"，共同驱动着中华巨轮乘风破浪、行稳致远。

在历史长河中，有无数的中华儿女前仆后继地用自己闪光的思想和行为塑造、体现、弘扬着中华民族精神。各朝历代都有顶天立地的沙场战神和叱咤风云的杰出领袖，更有那些默默无闻为中华民族生存发展而辛勤劳动和不懈奋斗的中华儿女。

黄文秀热爱中国传统文化，在长治求学期间，遍访"女娲补天""神农尝百草""共工怒触不周山""精卫填海""后羿射日""嫦娥奔月""大禹治水""愚公移山""天下都城隍""比干岭"等神话故事发源地。她从这些神话故事中感悟到：中华民族的先贤们具有意志顽强、不怕困难、勇于开拓、坚韧不拔、锲而不舍、自强不息、不达目的永不罢休的精神，并写了《神农峰顶谈贡献》《天台山上思娲皇》《发鸠山巅寻精卫》等入党思想汇报。下面是黄文秀游览老顶山神农峰后的一份思想汇报。

敬爱的党组织：

学校后面的老顶山，据说原名珏山，神农氏在此制耒耜种五谷、尝百草发明医药，开创农业文明新时代。后人为歌颂纪念神农炎帝，把珏山改称百谷山。由于百谷山的主峰叫老顶，现在人们把百谷山叫老顶山。这样说，似乎也有以点概面之嫌。根据资料得知，百谷山北起潞城市城南，南衔壶关五龙山。仅从潞城市到长治市这一段，就包含卢医山、大禹瑙、老顶山。老顶山这段景色最好，神农炎帝遗迹最多，1992年被批准成为老顶山国家森林公园。

罗列这些，并非为纠正山名，只是从这些名称中，我体悟到中华传统文化的博大精深。崇拜圣贤、崇拜祖先是中华传统文化的主要特征，圣贤文化是中华传统文化的精髓。

卢医山因战国时期著名医学家秦越人（医名：扁鹊）在大禹山北段（潞城人称南山）治病救人而被当地人推崇，后人为纪念他，在山上为他修庙祭祀。我问过了解情况的同学，医生治病救人是本职工作，为什么还要在山上给他立庙祭祀？同学告诉我："扁鹊本是应邀为晋国大夫赵简子治病，路过潞城，碰上瘟疫肆虐、民众病死无数，出于医者仁心，他误下行程，亲自到南山采集药材，熬制汤药，医治好了乡民的瘟病。对于扁鹊的功德，百姓永志不忘，人们在山上为他立庙，又把南山改称卢医山。"

大禹瑙与大禹治水有关。传说，坐落在漳水东岸的铁锅底村，连年遭受水灾。大禹治水路经此地，帮助村民整村搬迁到百谷山西麓，起村名为泽店村（现名为翟店）。翟店村民感念大禹的恩德，不仅在村里修建了大禹庙，还在村东的山顶修建大禹庙。大禹山东麓的西青北村、北社村都受益于大禹治水的好处，这些村都建了大禹庙。

老顶山这一段，最引人注目的应属神农峰。我和本宿舍同学于五一节下午游览神农峰，拜谒开创农业文明的中华始祖炎帝神农氏。

神农峰游览区位于公园正门之东，炎帝巨型铜像巍然屹立于神农峰巅。炎帝像是长治市标志性文化景观，也是全省乃至全国著名的雕塑之一。它由基座、像体两部分组成，基座高14米，像高25米。炎帝铜像坐东向西，背靠蜿蜒起伏的百谷峻岭，面向繁华锦绣的长治市区。炎帝长发披肩、目视远方,上身赤臂披着兽皮,下身以草叶做装饰,前臂平抬、双手微曲,捧着一捆谷穗,神态庄严肃穆地站立在宽敞恢宏的基座上,关注着神农氏族历尽艰难开发出的上党大地和小米养育出的上党民众。

一万多年前的大洪水,淹没了平原和浅山地区,太行山东的各部落争先恐后西上太行山;若干年后,大自然界气候突然变得十分寒冷,北太行及黄河西部高原的各部落,不断东进、南下,进入上党地区。随着族群空前壮大,食物资源出现严重短缺。仅靠原始的捕猎、采集野生草本植物的穗头、籽粒,人们食不果腹,饱受饥饿,生存受到威胁。驯化动植物成了族群生存下去的唯一选择。

于是,神农氏在长治老顶山周围披荆斩棘,积年累月开启了对野生黍、狗尾草等作物进行驯化。神农氏首先驯化出农作物黍和动物羊,随后又驯化出粟和牛。农作物和动物的驯化成功,为先民定居生活提供了物质基础,实现了人类历史上从游牧到定居,由渔猎到农耕重大转折,将人类的生存状态由野蛮引入文明。

神农部落历史悠久,其创新和奉献精神代代相传,继驯化出五谷百蔬之后,又制作耒耜,教民农耕;遍尝百草,发明医药;首辟市场,开创商贸;治麻为布,制衣着裳;兴造房屋,安居乐业;制陶作器,改善饮食;制作琴弦,以乐民众;削木为弓,抵敌御强;观天制历,立星辰、分昼夜、定四季,开启中华农业文明。

传说,神农氏尝过的花、草、根、叶共有几万种,甚至还有时遭遇植物中毒,经过无数次生死验证,才总结出太行山区可以治病的草木种类,特别是百谷山周边许多植物的药效更好。神农氏将尝过的草木按药性分门别类地记录下来,配制出治疗各种疾病的药方,拯救了无数的生命。至于驯化五谷粮食,我看过几篇文章,文章介绍神农氏同时对狗尾草和野生黍等十几种作物进行驯化,由于气候等原因,耐寒性强的野生黍最先被驯化成功;对狗尾草的驯化又多了几百年，才获得成功。我想，神农氏在女娲补天时代，只是一个不起眼的小子族，而后，经过子子孙孙共同努力开创了农耕文明，被中华民族万世拥戴。

我们都是炎黄后裔，甭管能力大小，只要传承和发扬先祖们百折不挠、自强不息的进取精神，努力去做对国家和人民有益的事情，就不会虚度此生。

此致

敬礼！

思想汇报人：黄文秀

2009年5月2日

黄文秀从中华优秀传统文化中汲取的力量，成为她学习和工作的动力。她虽没有身居高位，但在平凡的学习、工作岗位上用自己的模范行为，弘扬民族文化，关爱他人、集体和国家。她以国家和集体利益为重，国而忘家、公而忘私、自强不息、甘于奉献，从而在实现中华民族伟大复兴的征程上为党为祖国为人民交出了一份满意的答卷。

2.黄文秀与民族文化

黄文秀是壮族人，是壮族文化的优秀传承和弘扬者。

壮族是我国少数民族中人口最多的民族，其历史悠久，并有独特而丰富的文化。黄文秀家乡田阳是壮族的发祥地，也是壮族山歌的发源地。据传说，开天辟地时，壮族始祖布洛陀与姆六甲在田阳敢壮山一处岩洞繁衍了壮族人。有史书记载，每年农历二月十九日是布洛陀的生日，住在各地的儿孙们都回来拜寿。由于子孙太多，等在山脚的人只好就地引火烧香，形成一条壮观的香火长龙。拜寿活动一直延续到三月初九，子孙们见到祖公很健康，就相约即兴哼唱山歌。随着时间的流逝，祝寿活动演变成祭祀活动。每年的农历三月初七到初九，居住在各地的壮族人都会自发来到敢壮山，祭祀始祖布洛陀。他们聚集在一起颂唱先祖布洛陀的功德，一唱就是三天三夜，久而久之，形成了敢壮山歌圩。也就是说，壮族歌圩起源于田阳敢壮山，由祭祀布洛陀而形成，是广西歌海之源和壮民族集市之源。

随后的历史发展中，山歌不仅仅用于祭祀，形式与内容越来越丰富，歌词内容包罗万象：谈情说爱、农耕技巧、社会生活、道德规矩等。敢壮山山歌以其强大的生命力和贴近生活的特质成为壮族文化传承形式中最普遍的一种形式。随着时间的积累，敢壮山歌圩不断繁衍发展，隋唐之前，歌圩已经遍布广西壮乡。

受壮文化潜移默化的熏陶，黄文秀在日常生活中，自然而然地继承了壮族的伦理道德、服饰文化、歌圩文化、节日文化和舞蹈文化。但是，黄文秀觉得自己接触到的这些传统文化，还十分肤浅，因此，她在研一暑假，花费了两个月时间到田阳临近的马山、忻城、上林等县实地调研广西壮族传统文化中璀璨而独特的传扬歌。

通过调研，黄文秀认为：广泛流传于马山、忻城、上林等广西中部地区的传扬歌，对青少年的思想道德品质教育充满正能量。所以，她征得导师郝海燕教授同意，选择《广西壮族优秀传统文化中德育资源的开发——以传扬歌校本课程开发为例》这个题目撰写硕士论文。

黄文秀在提交的开题报告中写道：

传扬歌是流传于壮族民间讲述伦理道德的长诗，以生产、生活、节庆、婚嫁、丧葬等活动为载体，以歌唱的形式讲述人生哲理、道德规范、行为准则，承载和传扬着壮民族千百年来形成的民族性格，用于传承精神，教化民众，规范行为，被誉为壮族的"道德经"。……我们广西是一个民族团结的模范之乡，在新时代需要弘扬传扬歌的精神。……

3.黄文秀与红色文化

红色文化，主要是指展现中国共产党带领中国人民在革命、建设、改革过程中取得的一系列成就以及在这一过程中所形成的一整套系统性的意识形态。红色文化包含红色精神、红色物质文化和红色制度三个方面。红色精神是中国共产党人对于理想信念的执着追求，对于民族精神的传承发展，对于时代精神的弘扬升华，对于道德情操的坚守践行，形成的特有的精神品格和精神风貌，相应的其精神演化依次展现为革命精神、艰苦创业精神、改革开放精神和新时代伟大奋斗精神。红色物质文化涉及红色遗址和红色文物，红色制度包含革命时期制定的纲领、路线、方针和政策等。

党的十八大以来，习近平总书记在各地考察调研时多次瞻仰具有重大历史意义的革命圣地、红色旧址、革命历史纪念场所，反复强调要铭记光辉历史、发扬红色传统，用好红色资源、传承红色基因，把红色江山世世代代传下去。在庆祝中国共产党成立100周年之际，2021年6月25日，习近平总书记在十九届中央政治局第三十一次集体学习时强调，红色资源是我们党艰辛而辉煌奋斗历程的见证，是最宝贵的精神财富。

广西百色是革命老区，黄文秀自小接受革命传统教育，怀着对太行革命老区的敬仰，选择到长治学院上学，由此可知，红色文化在她心中扎根很深。她在长治上学期间，经常利用节假日，和同学相约到武乡八路军太行纪念馆、左权麻田、武乡砖壁、潞城北村、长治故县等八路军总部旧址，神头岭战役遗址，黎城黄崖洞兵工厂，上党战役旧址等地参观学习，领略太行军民共赴国难的大义凛然，感悟烽火铸就的太行精神，黄文秀更加坚定了自觉为人民服务的决心。可以说，革命老区红色文化的滋养，使黄文秀得以茁壮成长。下面是黄文秀到八路军太行纪念馆后的一份思想汇报。

第二章 黄文秀茁壮成长的源头活水

敬爱的党组织：

今天是卢沟桥事变七十二周年，我和几个同学一大早就乘车到了武乡，参观了八路军太行纪念馆。以下是我的几点认识，特向党组织汇报。

太行抗日根据地是中国抗战史上怎么都绕不开的地方。八路军太行纪念馆是全国唯一一座全面反映八路军历史的大型革命纪念馆。走进武乡，参观八路军太行纪念馆，探寻红色文化，追忆峥嵘岁月，感悟太行精神，是我接受红色文化教育的最有效途径。

八路军太行纪念馆坐落在武乡县城西凤凰山下，邓小平亲自题写了馆名。馆内收藏了800多件珍贵历史文物，其中包括红军长征时用过的行军锅、百团大战战役部署图、《新华日报》铸字机、世界反法西斯联盟成员国旗帜、英国记者乔治·何克用过的外文打字机、响堂铺战斗中缴获的汽车发动机残骸等。

八路军抗战史陈列馆里，一件件珍贵的文物和影像资料借助声、光、电等多媒体技术，以油画、雕塑、模拟场景、光纤动态主体沙盘等形式，将一幕幕革命战士英勇战斗的历史场景逼真地展现在我面前。我仿佛身临其境，走进那个枪林弹雨、炮火连天的战争年代，目睹八路军将士及太行人民抗击日寇、浴血奋战的英雄壮举，让自己的心灵经受了血与火的洗礼。

历史是最好的教科书，追忆那段波澜壮阔的红色岁月，使我深刻感受到太行精神是不怕牺牲、不畏艰险的革命英雄主义精神。在民族存亡的关键时刻，中国共产党以民族独立和人民解放为己任，领导八路军和太行儿女，与凶残的日本侵略者进行殊死的斗争，用鲜血和生命铸就了不朽的民族之魂。

1937年7月7日，发生了震惊中外的卢沟桥事变，抗日战争全面爆发。9月，朱德总司令率领八路军三大主力师东渡黄河进入山西，直奔抗日最前线：115师首战平型关，一举歼灭日军1000余人，取得了全面抗战以来中国军队的首次大捷，这一仗不仅打出八路军的威风，也振奋了全国人民的抗日情绪；120师在雁门关两次伏击日军运输队，切断了日军由大同到忻口的交通补给线，有力支援了守卫忻口的国民党军队；129师夜袭阳明堡日军飞机场，击毁敌机24架，削弱了日军的空中打击力量，大大减轻了忻口国民党军正面防御的压力，创造了以步兵歼灭大量敌机的光辉战例。而这些辉煌的战果都是八路军战士用鲜血与生命换来的。雁门关两次伏击战中，有70名烈士先后为国捐躯，血洒沙场；夜袭阳明堡，优秀指战员赵崇德营长和30多名战友命殒机场。

1937年11月山西太原失守后，八路军根据党中央和毛泽东主席的指示，以太行山、吕梁山为依托，兵分四路深入晋东北、晋东南、晋西南、晋西北，分散到山区农村，依靠地方党组织的积极配合，发动广大人民群众参加抗日活动，组织游击队，建立抗日根据地，开展敌后游击战争。

这年年底，朱德总司令、彭德怀副总司令率领八路军进入太行山区，辗转五台、潞城、武乡、左权多地，驻扎在太行深处的山庄窝铺，指挥敌后游击战，痛击日寇。

刘伯承、邓小平率领129师进入封闭落后、山高崖险的太行山区，在一个没有任何物资接济和补给的环境中，发动群众、组织群众、武装群众，迅速创建了太行抗日根据地，打起抗日游击战。长生口、神头岭、响堂铺等著名战役，打出了129师的威风，打出了中国人抵抗外来侵略者的勇气。129师初入太行时只有4个团9000余人。两年后，129师有42个团参加了震惊中外的百团大战。在8年抗战中，129师主力部队与日伪军作战近两万次，击退了敌人一次又一次的围攻和"扫荡"，毙伤日伪军12万多人。

129师对中国人民抗日战争的胜利做出了巨大贡献，其辉煌战绩是建立在八路军将士和太行人民群众不怕流血牺牲的基础上。八路军副参谋长左权、772团团长叶成焕等无数先烈血洒太行，他们为雄壮的太行山脉增添了血染的风采。

8年抗战中,太行根据地有60万名热血青年加入了八路军。太行山人民群众面对疯狂的日本侵略者,在共产党的领导下,积极投身于救亡图存的抗战洪流中。太行人民铁肩担道义,救国为己任:母亲叫儿打东洋,妻子送郎上战场;村村像军营,人人都是兵。武乡这个当时仅有13万人口的小县,就有9万多人参加了各种抗日团体(其中4.1万人参军参战),2.2万名干部群众为国捐躯。在太行根据地,武乡县不是个例,每个县的人民群众都积极参加抗战,青年争先恐后地报名参加八路军,妇女积极主动地纺线织布做军装,儿童机智勇敢地站岗放哨送情报。

太行人民群众的抗日行为,遭到日军的疯狂报复。在这块红色的土地上,一寸山河一寸血,一抔热土一抔魂,山山埋忠骨,岭岭皆丰碑。

太行军民在艰苦卓绝的抗战岁月,迸发出的爱国主义精神和革命的英雄主义精神,光耀千秋,彪炳史册。今天,我置身太行这片流淌着红色血液的土地上,感悟"不怕牺牲、不畏艰险;百折不挠、艰苦奋斗;万众一心、敢于胜利;英勇奋斗、无私奉献"的血与火铸造的太行精神,更坚定了我入党的决心与信念。

请党组织相信,在太行精神鼓舞下,我会以艰苦奋斗、百折不挠的精神去学习各门课程,用优异的学习成绩回报党、学校和老师们对我的关怀。

此致

敬礼!

思想汇报人:黄文秀
2009年7月7日

4.黄文秀与社会主义先进文化

社会主义先进文化是一种崭新的文化,是共产主义思想在社会主义阶段的具体体现,是在生产资料公有制基础上,有利于人与人、人与自然和谐发展的先进文化。中华人民共和国成立以来，尤其是改革开放以来，中国共产党领导中国人民以马克思主义为指导，创建出一个和谐发展的社会。社会主义核心价值观是社会主义先进文化的精髓，是中国特色社会主义植根的文化沃土，是当代中国精神的集中体现，是凝聚中国力量的思想道德基础，是文化软实力的灵魂、文化软实力建设的重点，是决定文化性质和方向的最深层次要素，体现了当代中国社会在价值观上的"最大公约数"，让社会主义先进文化永葆生机与活力。

黄文秀是在改革开放的社会主义新时期成长起来的，她的言行处处体现了对社会主义制度及先进文化的热爱。

平顺县西沟村是全国第一个农业互助组诞生地，邻村川底村是全国第一个农业合作社诞生地。中华人民共和国成立初期，平顺一个县就涌现出申纪兰、李顺达、郭玉恩、武侯梨四位全国劳动模范。特别是二十多岁的女青年申纪兰，敢于打破几千年的陈规陋习，提出"男女同工同酬"的倡议，被写进了中华人民共和国第一部宪法。

黄文秀对申纪兰、对西沟村产生了高山仰止的感觉。她在一个大雪纷飞的周末，邀同学步行40里山路，到平顺县西沟村拜访申纪兰，参观西沟展览馆。她从西沟返校后，写了《走近心中那座山》的入党思想汇报。黄文秀在这篇思想汇报中，把在西沟村的见闻和平顺县会议室外见到申纪兰奶奶的感受一一反映出来。黄文秀写道："申纪兰奶奶是我心里的一座精神高峰。"

研究生毕业后，黄文秀选择回归家乡，建设家乡。她的成长是对社会主义核心价值观的最好诠释，也是新时代先进文化的集中体现。

二、黄文秀茁壮成长的理论根基

马克思主义是在深刻揭示自然、社会、人类思维发展客观规律的基础上，创造出有史以来最先进、最科学、最严谨的思想理论体系。马克思主义作为科学的世界观和方法论，在中国共产党精神建构和发展中占有特殊地位，具有基础性作用。习近平总书记指出："实践告诉我们，中国共产党为什么能，中国特色社会主义为什么好，归根到底是马克思主义行，是中国化时代化的马克思主义行。"这一重要论断，是从中国共产党百年奋斗历程中得出的历史性结论，体现了我们党坚定信仰信念、把握历史主动的思想自觉和理论自信。中国共产党之所以能够带领中国人民创造人类历史上前所未有的发展奇迹，就是因为有坚定的共产主义理想信念，而坚定的共产主义理想信念则来自对马克思主义的坚定信仰，黄文秀的成长正是源于她具有对马克思主义的坚定信仰和对马克思主义的科学运用。

马克思主义为我们提供了科学的世界观和方法论，而中国化时代化的马克思主义则赋予了普遍真理新的生命力。在中国，马克思主义不仅是认识世界、改造世界的重要理论，更是指引中国由屈辱、落后逐渐走向繁荣、富强的明灯。在备受剥削和侵略时，中国人民选择了马克思主义，是马克思主义指引中国走向了繁荣富强。党的十八大以来，中国特色社会主义进入新时代，习近平坚持把马克思主义基本原理同中国实际国情相结合、同中华优秀传统文化相结合，创立了习近平新时代中国特色社会主义思想。

黄文秀是在习近平新时代中国特色社会主义思想指引下成长起来的优秀青年代表，是"不忘初心、牢记使命"的先进典型，是脱贫攻坚一线挥洒血汗、忘我奉献的基层党员干部的缩影。她在长治学院思想政治教育专业读书时，系统地学习了马克思主义基本理论，坚定了对马克思主义的信仰和共产主义的理想信念；在北京师范大学攻读研究生期间又进一步深化了对马克思主义的认识。特别是在读研期间令黄文秀终生难忘的是2014年9月9日，习近平总书记到北京师范大学看望师生，她近距离地聆听了习近平总书记的讲话。习近平总书记的重要讲话，每一句都使黄文秀刻骨铭心，她立志在实现中华民族伟大复兴中国梦的征程中做出更大贡献。参加工作后，黄文秀认真学习习近平总书记系列重要讲话和党的基本理论，到百坭村任职第一书记后自觉运用习近平新时代中国特色社会主义思想指导实践，向驻村群众宣讲习近平总书记关于农村工作和乡村振兴的重要论述，推动党的创新理论在边远山区落地生根、开花结果。

理论的价值在于指导实践，学习的目的在于运用。马克思主义不是教义，而是方法，其魅力在于联系实际、指导实践。毛泽东主席指出："如果有了正确的理论，只是把它空谈一阵，束之高阁，并不实行，那末，这种理论再好也是没有意义的。"理论的威力，只有付诸实践才能发挥出来。黄文秀不仅认真钻研马克思主义基本理论和基本知识，而且在实践中善于运用马克思主义和习近平新时代中国特色社会主义思想。她做到了坚持站在人民的基本立场、坚持实事求是的根本观点和坚持理论联系实际的根本方法。

1. 黄文秀坚持站在人民的立场

所谓立场，是指人们认识和处理问题时所处的地位和所持的态度，也就是人们在看问题、做工作时是为了哪些人的利益。马克思主义的基本立场是始终站在无产阶级和人民大众的立场上，一切为了人民，一切相信人民，一切依靠人民，全心全意为人民谋利益。这一立场是无产阶级和劳动人民的立场，是全世界最大多数人的立场，从根本上说，就是全人类的立场。马克思、恩格斯在《共产党宣言》中指出："过去的一切运动都是少数人的或者为少数人谋利益的运动。无产阶级的运动是绝大多数人的、为绝大多数人谋利益的独立的运动。"一百多年来，从全心全意为人民服务到坚持以人民为中心的发展思想，中国共产党始终保持马克思主义政党的鲜明本色，把人民立场作为根本立场，把为中国人民谋幸福、为中华民族谋复兴作为初心和使命，坚持全心全意为人民服务的根本宗旨，贯彻党的群众路线，尊重人民主体地位和首创精神，始终保持同人民群众的血肉联系。习近平总书记指出："共产党人无论是想问题、搞研究，还是作决策、办事情，都必须站在党和人民立场上，而不能把个人利益放在第一位。"黄文秀以一个共产党员的标准严格要求自己，牢记全心全意为人民服务的根本宗旨，坚定地站在人民的立场上发挥党员的模范带头作用。

扎根基层、一心为民是黄文秀的价值追求。在服务百坭村的日子里，黄文秀用两个月访遍全部贫困户，帮助村民发展杉木、砂糖橘等扶贫产业，以真抓实干的作风赢得村民信任；她全身心扑在扶贫事业上，整天在乡村、屯间穿梭，用真情奉献与群众打成一片；她带领百坭村88户贫困户于2018年底实现脱贫，以使命担当兑现着"不获全胜，决不收兵"的驻村诺言。在工作中，黄文秀时刻惦记着村里的困难群众，经常拿出自己微薄的工资慰问资助村里的孤寡老人和留守儿童。她积极争取各项补助，让村里的寒门学子获得读书机会。黄文秀曾12次到贫困户韦乃情家访贫问苦，商量脱贫办法，帮助韦家孙子孙女办理户口登记，为其儿子联系技术培训；也曾常陪失明的老人散步聊天，为老人解闷；在雨后当天主动带领那用屯村民搭桥修路，解决当务之急，了解到村里有5个屯子出行困难，连夜商讨解决方案。在百坭村总能看到她忙碌的身影，村里大小事务她都及时处理。她在日记中写道："只有扎根泥土，才能懂得人民。"黄文秀的父亲身患肝癌，两次到医院做手术，除了手术的当天，都是姐姐黄爱娟在医院陪护父亲。她深爱父亲，挂念病魔缠身的父亲，但又不想耽误百坭村的工作，只能选择舍私为公。她牺牲的当晚，也是心系受灾群众，忍痛离别刚做完手术的父亲，连夜冒雨赶回救灾。黄文秀心系人民、无私奉献的公仆情怀，令人敬佩。

2.黄文秀坚持实事求是

毛泽东主席指出："'实事'就是客观存在着的一切事物，'是'就是客观事物的内部联系，即规律性，'求'就是我们去研究。"实事求是是中国共产党人世界观、方法论的基石，是贯穿我们党的全部实践、全部理论的一条基本线索。一部中国革命、建设、改革的历史，就是中国共产党团结带领中国人民实事求是地认识中国、改造中国、建设中国、发展中国的历史。习近平总书记指出："实事求是,是马克思主义的根本观点,是中国共产党人认识世界、改造世界的根本要求,是我们党的基本思想方法、工作方法、领导方法。"党的十八大以来,以习近平同志为核心的党中央,以巨大的政治勇气和责任担当,把实事求是贯穿到治国理政各个方面、各个环节,在实践中积累了新的宝贵经验,中华民族迎来了从富起来到强起来的伟大飞跃。

实事求是是做好精准扶贫遵循的基本准则。根据习近平总书记有关脱贫攻坚的重要部署,精准扶贫一是要精准锁定扶贫对象,不落下一个贫困家庭,不丢下一个贫困群众。二是要有精准扶贫措施。2017年2月21日,十八届中央政治局就我国脱贫攻坚形势和更好实施精准扶贫进行第三十九次集体学习,习近平总书记在主持学习时强调,要提高扶贫措施有效性,核心是因地制宜、因人因户因村施策。三是要精准寻找扶贫项目。2013年11月3日至5日,习近平总书记在湖南省考察时指出,发展是甩掉贫困帽子的总办法,贫困地区要从实际出发,因地制宜,把种什么、养什么、从哪里增收想明白,帮助乡亲们寻找脱贫致富的好路子。显然,习近平总书记关于精准扶贫的思想是一切从实际出发,针对具体问题,进行具体分析,作出解决方案。因此,精准扶贫如何做到"精准",关键就在于"实事求是"贯彻落实得如何。黄文秀在百坭村任驻村第一书记期间,认真贯彻落实习近平总书记精准扶贫思想,花费大量时间与精力,逐门挨户到贫困农户走访,掌握其贫困实情,商量脱贫方案。她通过走访调研,根据百坭村原有的产业基础,和村"两委"干部一起制定出以果木种植为百坭村的主导产业。她带领群众重新管理荒废的砂糖橘果园,动员烟农加大种植面积,并扩种油茶、杉木等果木,增强脱贫"造血"功能;鼓励有技术、有经验的班统茂做致富带头人,帮助身残志坚的班龙排扩种烟叶。黄文秀整天在山上田间奔走,在村屯路上穿梭。她快乐而充实的一年,换来了丰硕的扶贫成果,贫困发生率由22.88%

降到2.71%。2019年3月，黄文秀在驻百坭村一周年的日子里，看到自己的汽车里程表正好增加了25000千米，为此写下驻村一周年感言："我心中的长征，驻村一周年愉快。"

3.黄文秀坚持理论联系实际

黄文秀在本科和硕士研究生阶段学的都是思想政治教育专业，具备了较高的马克思主义理论素养。如何把学到的马克思主义理论应用到社会实践中，黄文秀选择从课本到社会，从理论到实践。上大学时，无论身边的同学，还是黄文秀本人，都加入考研大军，为上岸披星戴月。考研结束后，她开始认真分析这一社会风向，并把自己的感悟写成本科毕业学士学位论文《"考研热"现象分析》；在北京师范大学读研期间，她利用假期实地调研壮族传统文化，并以马克思主义理论作指导，分析、研究壮族传统文化，认为传扬歌符合社会主义核心价值观，因此，研究生毕业硕士学位论文选择了《广西壮族优秀传统文化中德育资源的开发——以传扬歌校本课程开发为例》；在那满镇挂职期间，为了加大那满镇宣传工作的力度，及时把习近平总书记提出的新时代总任务和总目标贯彻落实到群众中，黄文秀从培养宣传报道骨干入手，把爱好写作和文化宣传的青年人组织起来，成立那满镇新时代讲习所、宣讲团、志愿者服务队。为了提高这些骨干人员的业务水平，黄文秀亲自给大家讲授宣传方式与技巧。通过宣讲团、志愿者服务队将党的方针政策落实到基层一线，激发村民投身脱贫致富的热情，推动乡风文明建设。刚到百坭村，黄文秀到农户家走访时，许多村民反映到村部办事找不到人，对本村干部工作方式不满意。思想政治教育科班出身的黄文秀，心里十分清楚基层党组织的凝聚力和战斗力，直接关系到扶贫攻坚的效果，要想如期完成脱贫任务，必须把加强村党组织自身建设放在一切工作的首位，采用党建引领基层治理的方式打开工作局面。她知道党建引领基层治理是具体的工作，而不是抽象的理论。在组织村干部深入学习党建理论的基础上，黄文秀结合村里实际情况，决定先易后难，把党建体现在方方面面的具体工作中。于是，黄文秀狠抓村干部组织纪律，严格要求"两委"干部轮流在村部值班，热情接待来村部办事的群众，虚心听取群众意见，及时为群众办理各种事项，同时，引导村"两委"干部利用手机等通信工具，主动与群众联络，了解群众生活和生产劳动中的困难，并给予帮助。

三、黄文秀茁壮成长的时代背景

时代这个词，在《辞海》中解释为"指历史上依据经济、政治、文化等状况来划分的社会各个发展阶段"。无疑，时代是人类社会发展进程中的一个历史时期，其变迁是一个自然历史过程，不以人的意志为转移。人类只能主动地认识、掌握和顺应时代和时代发展潮流，而不能主观地改变它、违背它。任何英雄模范人物都是时代的产物，必须与时代发展的历史进程相一致，偏离时代发展的轨迹、背离时代发展的要求，英雄模范人物将失去存在的理由，也终为时代所淘汰和抛弃。也就是说，任何英雄模范人物都是在当时社会历史条件及其发展趋势形成的特定环境中涌现出来并从事其活动的，总是受一定的社会历史条件所制约的，而一定历史时期内各种社会条件的总和所形成的社会发展的具体态势，就是我们通常所说的"时势"，社会历史条件对英雄模范人物的制约作用，突出地表现为时势造英雄。正因为如此，中国共产党人善于感知时代、把握时代，从时代寻找前进的方向和灵感，成为时代的引领者。黄文秀是中国特色社会主义新时代的"时代楷模"，是新时代精神的光辉典范。

黄文秀出生时，我国改革开放已经有十多年，扶贫工作进入第4个年头。在国家扶贫政策的支持下，地方政府鼓励深山老林里的农户易地搬迁，到自然条件较好的地方开始新生活。黄文秀家享受到扶贫政策的阳光雨露，从巴别山深处，易地搬迁到田阳县城郊，从此，她和哥哥、姐姐有了良好的学习环境。

第二章　黄文秀茁壮成长的源头活水

黄文秀成长于中国经济和科学技术飞速发展的时代，这为青年学生提供了展现才华的广阔舞台，同时，也对青年学生的自身素养是个挑战。

在人类文明发展的各个历史阶段，社会核心资源总是不断更新与变迁。每一种新型核心资源的崛起都标志着一个时代的来临。农业社会的核心资源是土地，工业社会的核心资源是矿产，信息社会的核心资源是知识与创意。

一般来说，我们现在处于信息社会知识经济时代。在这个时代，知识是最宝贵的资源，是绝大多数人谋生的手段，也是青年学生为国家、为人民服务的必备动能。

黄文秀虽然出生在贫困家庭，可她的父母认识到读书、学知识的重要性，克服重重困难供她上学，加上政府和社会力量对她的扶助，黄文秀奋力拼搏，一路冲进象牙塔，获取了一次又一次学习知识的机会。她珍惜每一次学习机会，在书山学海中苦苦探索，积聚改造社会的能量。

黄文秀成熟于脱贫攻坚战场。2015年11月，中央扶贫工作会议在北京召开，中共中央政治局提出"打赢脱贫攻坚战"，习近平总书记强调，消除贫困、改善民生、逐步实现共同富裕，是社会主义的本质要求，是我们党的重要使命。全面建成小康社会，是我们对全国人民的庄严承诺。脱贫攻坚战的冲锋号已经吹响。我们要立下愚公移山志，咬定目标、苦干实干，坚决打赢脱贫攻坚战，确保到2020年所有贫困地区和贫困人口一道迈入全面小康社会。

那年那月，黄文秀报考广西选调生，为奔赴脱贫攻坚第一线做好准备。在百色市委宣传部工作的日子里，她踏踏实实、一丝不苟、认真工作，顺利完成了部里交给她的工作任务；在那满镇挂职时，她充分利用自己的专业知识，把宣传工作搞得有声有色；而在百坭村，刚起步，便被碰得灰头土脸，碰了许多钉子后，她从自身找问题，觉得自己书生意气太浓，不接地气。她用"失败乃成功之母"来安慰自己，用红军"长征两万五"鼓励自己，擦干眼泪，再到农家走访。

黄文秀的成长、成熟既有文化的滋养、理论的指引和时代的呼唤，也有实践的基础。毛泽东主席指出："感觉到了的东西，我们不能立刻理解它，只有理解了的东西才更深刻地感觉它。感觉只解决现象问题，理论才解决本质问题。这些问题的解决，一点也不能离开实践。无论何人要认识什么事物，除了同那个事物接触，即生活于（实践于）那个事物的环境中，是没有法子解决的。"习近平总书记在同团中央新一届领导班子成员集体谈话时强调，广大青年要坚定理想信念、练就过硬本领、勇于创新创造、矢志艰苦奋斗、锤炼高尚品格，在弘扬和践行社会主义核心价值观中勤学、修德、明辨、笃实，爱国、励志、求真、力行，同人民一起奋斗，同人民一起前进，同人民一起梦想，用一生来践行跟党走的理想追求。

　　黄文秀从一个具有较高政治素养的青年理论干部，成长为"全国脱贫攻坚模范""时代楷模"，是在脱贫攻坚主战场上实践锤炼中成长起来的英雄模范人物。

第三章
对党忠诚的崇高境界

第三章 对党忠诚的崇高境界

习近平总书记指出:"衡量干部是否有理想信念,关键看是否对党忠诚。领导干部要忠诚干净担当,忠诚始终是第一位的。"对党忠诚,是共产党人的政治品质和崇高境界,是检验党性是否坚强、政治是否可靠的第一标准,也是检验是否具有马克思主义信仰和共产主义信念的第一标准。"诚"与"信"二者可以互相解释、意义相通,"诚"侧重内心层面,指内心情感的真实无伪、自然流露;而"信"则侧重于人际交往层面,指言而有信、遵守信用。诚于中,信于外,内诚于心,方能取信于人。因此,对党忠诚主要看是否言而有信,如果言而无信、阳奉阴违,就是不忠诚;如果言而有信、守信践诺,就是忠诚。深刻认识对党忠诚的政治品格、崇高信仰,切实做到对党言而有信、表里如一,是中国共产党人党性的重要体现,也是攻坚克难、勇往直前的强大精神力量。

对党忠诚集中体现了红色精神的崇高境界,汇聚了中国共产党人每一个时代都传承贯通的精神追求,被人们所广为传颂和称赞。在新时代,黄文秀弘扬和传承红色精神,对党忠诚、争当先锋,积极响应党的号召,时时处处都以党、国家和人民的利益为重,成为一名党的忠诚战士;由于黄文秀具有对党忠诚的崇高境界,她言而有信、信仰坚定,把个人追求融入党的理想之中,用生命践行了为共产主义事业毕生奉献的誓言;也由于黄文秀具有对党忠诚的崇高境界,她才能够认识到"自己的工作能够让群众真切感受到共产党的好,对我来说是非常大的鼓舞",并认真完成党交给的每一项工作。

一、对党忠诚,争当先锋

对党忠诚,就要做到"忠于信仰、忠于国家、忠于人民、忠于组织",这是每一个共产党员都必须具有的政治思想觉悟。

忠诚,在《现代汉语词典》中解释为"尽心尽力"。忠,表示待人处世的一种态度,如果为人处世能够全心全意、对信仰能够坚定与执着,就是忠；诚，就是感情真挚，心意真实，不自欺、不欺人，诚实无妄，表里如一，言行一致。

20世纪初，一些西方国家进入工业社会，而积贫积弱的中国却内忧外患、遍地狼烟。一群新青年高举马克思主义的思想火炬，在风雨如晦的中国苦苦探寻民族复兴的前途。历史永远不会忘记，1921年7月，13名平均年龄28岁的中共一大代表，酝酿"开天辟地的大事变"，讨论并通过中国共产党的第一个纲领，宣告了中国共产党的诞生。在创建成立中国共产党的过程中，李大钊信仰坚定，竭力"创造未来的黄金时代"；高君宇视死如归，"我愿生如闪电之耀亮"；邓恩铭一心为民，"最憎恶的是名与利"；等等。

2021年7月1日，习近平总书记对伟大建党精神作出重要论述："一百年前，中国共产党的先驱们创建了中国共产党，形成了坚持真理、坚守理想，践行初心、担当使命，不怕牺牲、英勇斗争，对党忠诚、不负人民的伟大建党精神，这是中国共产党的精神之源。"据不完全统计，从1927年3月到1928年上半年，被杀害的共产党员和革命群众多达31万，其中共产党员2.6万。这些优秀共产党人，生命大都停留在20多岁。他们只求耕耘，不求收获，为了大义，不怕牺牲。他们的青春之歌激越高昂，他们的历史功绩永载史册。

青年兴则国家兴，青年强则国家强。青年人朝气蓬勃，是全社会最富有活力、最具有创造性的群体。中国共产党的历史表明，只要青年一代有理想、有担当，我们的国家就有前途、民族就有希望。

一百多年来，在中国共产党的领导下，一代又一代中国青年把青春激情和热血融入党和人民的事业，为推动中华民族伟大复兴事业注入强大动力。从血雨腥风的革命年代，到硝烟弥漫的战争时期；从激情燃烧的建设岁月，到波澜壮阔的改革开放，再到万象更新的中国特色社会主义新时代，广大青年弘扬伟大建党精神，对党忠诚，矢志不渝为中国人民谋幸福、为中华民族谋复兴，放飞了人生的青春梦想，完成了自己的历史书写。

第三章　对党忠诚的崇高境界

如今，中国特色社会主义进入了一个崭新的时代。这是一个全面摆脱贫困、在全面建成小康社会的基础上，奔向社会主义现代化强国的新时代。新时代赋予青年人新的使命，需要新时代广大青年勇敢担负起实现民族复兴、创造中华民族辉煌未来的重任。特别是青年共产党人，作为新时代的先锋，必须坚定理想信念，承担历史使命，为民族复兴贡献青春力量。

青年人是党和国家事业接班人，习近平总书记强调："我们挑选优秀年轻干部，千条万条，第一条就是看是否对党忠诚；我们培养优秀年轻干部，千条万条，第一条就是教育他们对党忠诚，坚决防止政治上的两面人。"对党忠诚是我党培养和挑选接班人的最重要标准，是关系党和国家命运的大事。

首先，中国共产党是一个有共产主义和马克思主义信仰的政党，中国共产党人应当永远忠于自己信仰，为理想信念不懈奋斗。习近平总书记指出："对马克思主义的信仰，对社会主义和共产主义的信念，是共产党人的政治灵魂，是共产党人经受住任何考验的精神支柱。"

第二，中国共产党是爱国主义精神最坚定的弘扬者和实践者，一百多年来，团结和带领全国各族人民进行的革命、建设和改革，都是爱国主义的伟大实践。

第三，忠于人民是中国共产党全心全意为人民服务的根本宗旨决定的。党的十八大以来，习近平总书记明确提出"坚持以人民为中心的发展思想"，要求把增进人民福祉、促进人的全面发展、朝着共同富裕方向稳步前进作为经济发展的出发点和落脚点。他指出："我们的人民热爱生活，期盼有更好的教育、更稳定的工作、更满意的收入、更可靠的社会保障、更高水平的医疗卫生服务、更舒适的居住条件、更优美的环境，期盼孩子们能成长得更好、工作得更好、生活得更好。人民对美好生活的向往，就是我们的奋斗目标。"

第四,党的力量来自组织。中国共产党只有把成千上万的党员组织起来、把大家的智慧汇聚起来、把大家的意志统一起来,心往一处想、劲往一处使,才能形成民族复兴、建设现代化强国的巨大力量。因此,对党忠诚,就要强化党员的组织意识,与党同心同德。习近平总书记强调,思想上认同组织、政治上依靠组织、工作上服从组织、感情上信赖组织。黄文秀就是用这样的标准来规范自己的行为,永远听党话、跟党走。

优秀青年共产党员黄文秀选择"以一生之奋斗,全力奉献家乡"来表达对党的忠诚。她在入党申请书中写道:"只有把个人的追求融入党的理想之中,理想才会更远大。"黄文秀选择用青春扎根基层、把深情奉献乡土、以行动诠释忠诚,用美好青春践行共产党人的初心使命,带着对党对国家忠诚的信仰,带着泥土味,在基层的田野中挥洒汗水,用行动劈波斩浪、乘风而行,谱写了新时代的青春之歌。

黄文秀对党的忠诚,首先来自父母的教导。父亲黄忠杰曾多次对女儿说:"没有共产党,我们家不可能脱贫。"黄文秀从小就认定党是她最大的恩人。黄文秀对中国共产党有深厚的感情,她坚信中国共产党的领导,决心要跟着中国共产党走。因此,黄文秀在军训结束后,很快就向党组织递交了入党申请书。

黄文秀递交入党申请书之后,还特意去问程书记:"程老师,我每月交一次思想汇报可以吗?"

程书记告诉她:"递交入党申请书后未确定为入党积极分子之前,对递交入党思想汇报不作要求。"

她说:"程老师,这我知道,您在入学教育时讲过了,但我志愿向党组织汇报思想。"就这样,黄文秀从递交入党申请书开始到本科毕业离校,一直坚持每月向党组织递交思想汇报。可见,黄文秀的入党心情有何等的迫切,共产党在她心中的位置又是何等的重要。

第三章　对党忠诚的崇高境界

黄文秀对党的忠诚，也是学校党组织教育的结果。2008年秋，她刚到长治学院学习，在新生入学教育动员会上，系党总支程书记就给同学们讲太行精神。第一次听党课的时候，又学习了申纪兰精神，那天，程书记一走上讲台，先在黑板上写出申纪兰精神的内涵："对党忠诚的政治素养，奋力开拓的创新精神，心系群众的公仆情怀，廉洁奉公的优秀品德，艰苦朴素的优良作风，淡泊名利的奉献精神。"讲解申纪兰精神内涵时，程书记说："申纪兰对党忠诚体现在60多年来一贯坚持党号召做啥就做啥。她经常教育身边人：'共和国很不容易，不能忘记共产党浴血奋战的历史，不能忘记共和国的苦难经历。'"

交入党申请书一个月后，黄文秀向程书记递交了她的第一份入党思想汇报，下面是这份思想汇报的内容。

尊敬的党组织：

自递交入党申请书起，我就从思想上把自己当作入党积极分子。因此，我要主动多写入党思想汇报，主动向党组织靠拢，在党组织的关怀、指导下提高自身的政治思想素养。

上大学前，我对申纪兰精神认识肤浅，通过听程书记讲申纪兰精神的党课和读《见证共和国》一书后，使我从思想上近距离接触了申纪兰精神。

申纪兰青少年时期生活在英雄辈出的太行山革命老区，从小受太行精神滋养，茁壮成长为历久弥新的"全国劳动模范""全国优秀共产党员"。从申纪兰的模范事迹中，我首先感悟到：为了人民的利益，申纪兰勇于开拓创新、乐于无私奉献。

申纪兰出生于平顺县龙溪镇杨威村的一个农民家庭，从小过着吃不饱、穿不暖的生活，9岁就开始下田劳动。西沟人成立互助组、开荒种地的事对平顺人影响很大。在劳动英雄李顺达先进事迹激励下，申纪兰14岁时积极参加消灭蝗虫救灾运动；15岁响应抗日民主政府号召成立纺花织布小组，并担任组长；16岁被评为平顺县纺织模范。1946年，17岁的申纪兰嫁到西沟村，婚后第6天便送丈夫归队，自己下地干农活。从1946年秋到1953年冬，7年多时间里，她的丈夫张海良奔驰在战场上与敌人厮杀；申纪兰则起早贪黑参加农业生产，夫妻俩在不同的战线上为共产党领导的解放事业和社会主义建设事业全心全意做贡献。

1951年，西沟村成立初级农业生产合作社，村党支部书记、全国闻名的劳动模范李顺达任社长，申纪兰当选为副社长。李顺达提出让申纪兰担任副社长，主要原因是农业生产合作社里缺少劳力，希望申纪兰发动全村妇女下地劳动，参加社会主义建设。那个年代，发动妇女下田搞农业生产难度很大。共青团员申纪兰不畏困难，接受党组织的安排，上任第一件事就是走家串户发动妇女到田地里从事农业生产劳动。

按当地的风俗习惯，结了婚的妇女不下地干活，可太行老区的青壮男子多数参加解放军奔赴战场，农业生产严重缺乏劳力。为了增加劳力，提高生产能力，申纪兰对妇女姐妹们晓之以理、动之以情，鼓励她们"走出庭院，参加劳动"。经过耐心说服，申纪兰把全村妇女发动起来，加入到农业生产大军中。

可是，受传统思想影响，妇女的劳动权益得不到保障，与男劳力干同样的活，得到的工分却只有男劳力的一半，甚至还得把工分记在丈夫的名下。工分少等于分红少，把工分记在丈夫名下，等于把分红直接划拨给丈夫。不平等的劳动报酬和分配方式，挫伤了妇女参加农业生产劳动的积极性。很多妇女只愿意干家里活，不愿出门参加农业合作社的生产劳动。

申纪兰虽然没有进过正规学校学习，但她思想认识敏锐，敢于为妇女争取平等权利。为了争取男女平等、同工同酬，申纪兰努力做村干部和男社员的思想工作，让他们在思想上重视妇女参加生产劳动的作用，同时，带领妇女与男劳力展开了劳动竞赛。

通过各种农活竞赛，西沟妇女大获全胜。这场劳动竞赛在西沟村产生了意想不到的效果，许多男社员都开始支持男女同工同酬。西沟妇女真正为西沟村的农业生产撑起"半边天"。

申纪兰1946年参加革命工作，1953年加入中国共产党，历任平顺县西沟初级农业生产合作社副社长、西沟金星经济合作社社长、西沟村党总支副书记，平顺县委副书记，山西省妇联主任，长治市人大常委会副主任；先后获得"全国农业劳动模范""全国劳动模范""全国三八红旗手""全国优秀共产党员""全国敬业奉献道德模范"等多种光荣称号。

无论是一份份荣誉接踵而至，还是一次次身居要职，她几十年如一日，始终保持一个普通农民的本色，长期生活在山区农村；始终保持同人民群众的血肉联系，生活在群众之中；始终代表人民群众的根本利益，反映人民群众的愿望；始终紧跟时代步伐，与时俱进、振兴乡村；始终保持共产党人的政治本色，把党和人民交付的每一件事办好。

深入了解申纪兰的模范事迹，觉得申纪兰真是了不起，她的模范行为，体现了一个共产党员的崇高品质，不愧为全国人民学习的榜样。

我作为新时代的青年学生，在党的阳光沐浴下茁壮成长。党的事业需要青年的积极参与，而青年的成长也离不开党的教育。青年人加入中国共产党，与党心连心、同呼吸、共命运，更有利于接受党的教育，为自己的全面发展打下坚实的政治思想基础，更好地发挥自己的聪明才智，像申纪兰那样为国家、为社会作出更大的贡献。因此，我以申纪兰为榜样，永远听党话、跟党走，努力做和申纪兰一样的人，对党忠诚、争当先锋，争取能够早日入党。

思想汇报人：黄文秀
2008年11月7日

黄文秀对党的忠诚，也受益于北师大"学为人师、行为世范"的校训、"爱国进步、诚信质朴、求真创新、为人师表"的优良传统和"治学修身，兼济天下"的育人理念。北师大是中国历史上第一所师范大学，以李大钊、鲁迅等为代表的一大批名师先贤在这里弘文励教。百余年来，北京师范大学始终同中华民族争取独立、自由、民主、富强的进步事业同呼吸、共命运，在五四运动、一二·九运动中发挥了重要作用。革命先驱、学界泰斗给黄文秀树立了"爱国进步、兼济天下"的榜样。

黄文秀对党的忠诚，更是习近平总书记鼓励的结果。在北师大学习时，恰逢习近平总书记到北京师范大学考察，她亲耳聆听了总书记的重要讲话。习近平强调："今天的学生就是未来实现中华民族伟大复兴中国梦的主力军，广大教师就是打造这支中华民族'梦之队'的筑梦人。"那时，她暗下决心，一定要做复兴中国梦的主力军。

黄文秀作为一名共产党员，始终牢记对党忠诚、为民造福这个总要求，到艰苦的地方去，扎根于人民之中。北京师范大学硕士研究生毕业后，她毅然放弃大城市的优越环境回到家乡，并主动申请到偏远地区深度贫困村担任第一书记，立志带领乡亲们脱贫致富。她有坚定的共产主义信仰、高尚的爱国主义精神、全心全意为人民服务的情怀和永远听党话跟党走的品格，以自己的实际行动诠释了对党的忠诚。

脱贫攻坚的战场，是服务群众的大本营，也是历练党员干部的大舞台。早在1955年9月毛泽东主席就提出："农村是一个广阔的天地，在那里是可以大有作为的。"作为扶贫第一书记黄文秀，在脱贫攻坚大舞台展现出了大作为。凡是有利于党和人民的事，她就事事冲在前面、干在前面，处处发扬敢想敢干、敢闯敢拼的奋斗精神，以一往无前的奋斗姿态、良好的精神面貌和扎实的工作作风把扶贫工作做精、做细、做实。她把对人民群众的深厚感情融入心灵深处、体现在行动上、落实在工作中，真正成了百坭村群众的"贴心人"和"暖心人";她主动拜老百姓为师,向村干部和基层群众学习,时刻做到与群众心连心、手牵手,攻坚克难、携手同行,战胜前进道路上的各种风险挑战,以敢啃硬骨头的魄力和逢山开路的闯劲带领百坭村群众脱贫攻坚。

习近平总书记指出:"新时代的中国青年要以实现中华民族伟大复兴为己任,增强做中国人的志气、骨气、底气,不负时代,不负韶华,不负党和人民的殷切期望!"黄文秀,对党忠诚,把个人理想、个人奋斗和国家强盛、民族复兴紧紧连在一起,肩负历史使命,坚定前进方向,立大志、明大德、成大才、担大任,努力争当时代先锋。

二、言而有信,信仰坚定

人无信不立,国无信不兴。古往今来,诚信的力量从来都不容忽视。商鞅徙木立信的故事广为流传,季布一诺千金的佳话不绝于史,周幽王为博美人一笑"烽火戏诸侯"失信于天下,"狼来了"的游戏也必将付出惨痛代价。最早将"诚"与"信"二者连起来使用的,是春秋时期法家的管仲,《管子·枢言》中说:"先王贵诚信。诚信者,天下之结也。"管仲强调,诚信在治理国家事务和处理国际关系中,作用很重要。孔子同样认为"民无信不立",诚信是人们交往应当遵守的基本道德规范,是国家与国家交往应当遵守的道义标准;董仲舒把信和仁、义、礼、智列为五常,作为最基本的社会行为规范。

人有信则立,国有信则兴。讲诚信,对个人来说,能建立良好的人际关系,维持友谊、亲情的稳定,能得到下属的拥戴、同事的信任、上级的重视;对一个政党来说,能建立良好的群众基础,能够将党的政治主张转化为社会各界的共识;对一个国家来说,是安民定邦的基石。国家诚信,对内是维护社会和谐的基础;在国际交往中体现着一个国家的软实力。讲诚信,更是每个共产党员身上的显著标志。因为每个共产党员在入党的时候,都在鲜红的党旗下庄严宣誓:"我志愿加入中国共产党,拥护党的纲领,遵守党的章程,履行党员义务,执行党的决定,严守党的纪律,保守党的秘密,对党忠诚,积极工作,为共产主义奋斗终身,随时准备为党和人民牺牲一切,永不叛党。"所以,作为人民群众中先进分子的共产党员,更应该信守向党宣誓的诺言,对党忠诚,积极工作,为党和人民的利益随时准备牺牲一切。也正是一以贯之地讲诚信,我们党才赢得广大人民群众的信任,才能不断发展壮大,团结和带领人民群众取得了社会主义革命和建设事业的胜利。

共产党员讲诚信,就要"言必信,行必果",言而有信地对党忠心耿耿,脚踏实地地践行全心全意为人民服务的宗旨。黄文秀正是为了实现党的奋斗目标和人民群众的愿望,对党忠诚老实,对群众忠诚老实,做老实人、说老实话、干老实事,躬身实干,乐于奉献。她以诚信的思想引领,以诚信的行为自觉,以党员干部讲诚信的示范力量,去实现对党的诺言,对人民群众的诺言。

2010年12月26日,黄文秀被确定为入党发展对象的第二天,她向时任长治学院政法系党总支书记程过富又一次递交思想汇报时,程老师问及她如何规划自己的人生,黄文秀回答说:"程老师,我出身于贫困家庭,父母多年病体缠身,生活拮据,靠政府的扶贫资助和乡亲慷慨解囊,才跨进大学门槛。没有党和政府,我连中学都上不起,更不会上大学。党的恩情、乡亲们的情谊我铭记在心,大学本科一毕业就回百色老家当一名教师,回报家乡、回报父母。"

长治学院有个惯例,学生们升大三后,都自觉地开始做考研准备,因而程过富自然而然地认为黄文秀也一定在准备考研,研究生毕业后再工作。没想到黄文秀会说出这番话,当即程过富愣住了。片刻之后,程过富还是鼓起勇气说出自己对她的人生设计:"你来自少数民族地区,应该清楚,目前少数民族地区经济、文化发展相对缓慢,急需高学历、高层次的人才投身到那里,带动少数民族地区经济、文化快速发展,实现弯道超车!与其等外面的高层人才到你们百色服务,还真不如你们百色儿女自己修炼成高层次人才扎根家乡。你想跟着党全心全意为人民服务,现阶段最好是克服一切困难,去考研究生,到北京那些一流大学学习几年,进一步充实自己的学识,学历再上一个台阶,这样你才能发挥更大的作用,更好地回报家乡、回报父母。"

黄文秀略作思考后说:"程老师,之前一心想早点工作,没有考虑过考研,我能不能考虑几天,再做决定。"程过富对她说:"可以!"一周后,黄文秀到程过富办公室汇报思想动态。她说:"程老师,许多同学大一入学不久就着手准备考研,大二准备得也多,像我这样没有准备的人,能考上吗?我考虑了几天,分析了自己读研的可行性,最后仍然没有结论,特来向您请教。"程过富说:"从现在起到2012年1月研究生入学考试还有一年多时间,足够你准备。凭咱们学校以往几届学生考研的经验,结合我给你们上课时和平时对你的了解,只要你抓紧这一年多时间努力学习,你是能够考上的。"见黄文秀还有疑虑,信心不足,程过富进一步对她讲长治学院前几届学生考研成功的事例。

"长治学院在全国本科院校中,属于起点低、起步迟的本科院校。2001年才开始与山西师范大学联合招收培养本科生,这级学生毕业时,发的山西师范大学晋东南学院毕业证;直到2004年升格为本科院校,长治学院才有真正属于自己的本科学生。可想而知,2001级学生在大一、大二学习期间对考研基本没有概念。2003年秋,2001级学生进入大三学习阶段,大家受春季'非典'疫情影响,也没有人组织考研复习。直到2004年5月,我实在着急了,才与太原理工大学暑假考研辅导老师联系,想把咱们的学生介绍到他们学校学习。我这个举动,引起学校领导对考研的重视。学校领导研究后决定:办考研辅导班,不收学生任何费用。考研政治课由我牵头和其他两位政治老师讲解辅导，考研外语课由外语系的老师讲解辅导，考研专业课由各个系组织老师讲解辅导。

"2001级思想政治教育专业47人，2005年考取研究生的有9人。其中，侯晓丽同学被南开大学录取，曲文雍同学被中央民族大学录取……对没有任何本科教学经验的长治学院政法系教师来说，当时那种激动无法用语言表达。记得在教职工工作会议上，我总结道：'不是我们的学生天赋极高，也不是我们的教师才能过人。今天取得的成绩，首先归功于学校领导对学生的关怀；其次是学校领导采取了正确的战略，我们打的是"人民战争"（对学生不收辅导费，谁都可以听；对教师充分信任，群策群力、集思广益）；再者是全体师生的努力拼搏。'

"有了2001级的考研经验，到2008年北京奥运会之前，长治学院考研成果已取得显著成效，学生在校考研已蔚然成风。其中，由史宝忠老师任班主任的生化2005级1班38人有34人在2009年考上了研究生。咱们政法系的思想政治教育专业近几年的考研录取率都保持在本科毕业学生的50%左右。根据你目前的学习情况，只要抓紧时间好好准备，考上研究生的概率很大。"

程过富又进一步强调："黄文秀同学，你已经是入党发展对象了，希望你以一个共产党员的标准要求自己，迎着困难前进！"

黄文秀听后，当即承诺："程老师，我有信心了，请您放心，我刻苦学习，努力考研，研究生毕业后，不留恋繁华城市，一定回去服务家乡。"

考研目标确定之后，黄文秀言而有信、说到做到，开始向既定目标冲刺。

通过党组织对黄文秀的培养教育和她自身的努力，黄文秀一步步地成长、一步步地走向成熟、一步步地成为一个具有坚定信仰的共产主义者，终于在2011年6月2日，经支部大会讨论，一致通过接收黄文秀同志为中国共产党预备党员。黄文秀入党后，无论思想上，还是行为上，没有半点松懈，更加严格要求自己，坚持每月向党组织递交书面思想汇报，积极参加党组织的各种会议和活动，自觉培养自己的组织观念，自觉加强理论知识的学习和运用，认真履行团组织委员和班生活委员职责，刻苦学习，努力提升为人民服务的本领。鉴于黄文秀出色的表现，2012年6月6日，经支部大会讨论，黄文秀同志如期转为中国共产党正式党员。她在支部会上感悟发言说："去年，有幸成为中共预备党员，在老师与同学们的帮助下，一年来我取得很大进步，不仅是组织上入党，更是思想上入党。"

2012年6月下旬，黄文秀本科毕业离校之前，特意到政法系党总支办公室向程书记道别。她双手捧着一个陶土笔罐对程书记说："程老师，我就要离校了，您的教导和帮助，我会铭刻在心里。在毕业离校之际，我想送给您一份纪念品。"

"停！"不等黄文秀说完，程书记叫停道："咱们系不兴毕业生给老师送礼物。"

黄文秀接话道："我知道咱们系有这个规定，再说，我现在的经济状况也没能力买得起贵重礼物。程老师，请您收下这个笔罐和我的思想汇报。"

"思想汇报？"程书记有点惊讶，自己从事党务工作30多年，学生党员有毕业之前写思想汇报的，也有离校一段时间回来办理党员关系时交思想汇报的，像黄文秀这种刚毕业还没离校就交思想汇报的学生，还是第一次遇到。

不过，程书记立马回过神来，对黄文秀说："思想汇报放下，我看看；把笔罐带回自己用吧。"

黄文秀情真意切地说："程老师，等我把话说完，如果您还是不收这个笔罐，我就带走！"

"好吧，你可以说出自己的理由。"程书记面对一个将要毕业离校的学生，说话很留情面。

黄文秀把笔罐放在办公桌上，指着笔罐说："程老师，这个陶土笔罐工艺粗糙，三五元买的，可笔罐上的文字最能代表我对党组织、对您的承诺。'言而有信'四个字烧在笔罐上，印在我心里。送给您这个笔罐，就是将自己置于您的监督之下：您的学生会信守承诺，研究生毕业后，一定回到百色，为改造家乡发挥自己的最大潜能。"

程书记听到这里怦然心动，竟高喊道："好，这份承诺我收下！"

黄文秀离开办公室后，程书记打开她递交的离校前最后一份思想汇报——《"言而有信"是我对党组织的永远承诺》。她在这份思想汇报中写道：

尊敬的党组织、尊敬的程书记：

岁月匆匆，美好而艰辛的大学生涯在只争朝夕中度过。拿到毕业证的那一刻，我禁不住思绪翻滚、心潮激荡。4年前，我带着青春的梦想与懵懂，走进长治学院。军训刚结束，我就向党组织递交了入党申请书。4年来，我脚踏上党红色沃土，体悟太行英雄精神，在党组织和老师们的精心培养下，从一名普通的大学生，成长为一名有责任、有担当的中共党员，并且考取了北京师范大学研究生。长治学院是我思想产生飞跃的起点，在这里我立下"全心全意为人民服务"的豪言壮志；长治学院是我意志和毅力锤炼的熔炉，在这里我树立了"世上无难事，只要肯登攀"的坚定信心，磨炼出持之以恒、锲而不舍的奋斗精神。总之，在党组织培养、教师培育和学校人文环境熏陶下，我在以下几个方面进步较大。

第一，明确了"思想入党才是真正的入党"。

从大一新生入学第一个月开始写入党申请书，到大四毕业前夕成为中国共产党正式党员，我有机会听党课、参加入党积极分子和入党发展对象培训、参加组织生活会，因而对党的光荣传统和优良作风有了更深刻认识，进一步意识到做一个合格共产党员，不仅要解决组织上入党问题，更重要的是要思想上入党、行动上入党。组织上入党，只能说明我在入党时符合了党员的标准,在前进的道路上步入了一个新的里程;只有思想上入党,对"全心全意为人民服务"这一宗旨有更深层次认识,才会把入党作为鞭策自己继续前进的动力,不断用更高的标准严格要求自己,做到"入党前是骨干,入党后是模范",样样走在前面,起到先进分子的作用,真正做到为共产主义奋斗终身。

第二,坚定了以国家和民族利益为重、舍小家为大家的正确选择。

共产党员不同于普通群众,为中国人民谋幸福、为中华民族谋复兴是中国共产党人的责任。加入党组织前,出于对自家经济状况的忧虑,我最大的愿望是本科毕业后,回百色当教师,既服务于家乡,又能帮自己家里早日脱贫。加入党组织后,在党组织和老师的帮助下,我下决心做一个理想远大、格局宽广的人,把个人命运与国家、民族的命运紧密相连,始终以国家和民族利益为重。

回顾我们党的历史,许多无产阶级革命家原本享有优裕的物质生活条件,可以守着祖辈创下的家业过舒适生活,但他们毅然选择参加革命,在战火中经受生与死的考验;许多工农出身的青年,家里本就清贫,如果他们多为家里的生计操心出力,家人的生活便会得到改善,但他们毫不犹豫地选择参军,用血肉之躯保卫祖国。

革命先辈们高尚的道德情操、崇高的思想境界令我敬仰,成为我学习的楷模。我作为新时期的大学生共产党员,为更好地服务家乡,克服家庭困难,选择读研究生,舍小家为大家,是我这生最正确的选择,也是我听党话、忠实于党的具体表现。

第三,认识到必须把共产主义远大理想与实干精神统一起来。

在申请入党时,我多次表达过:要为共产主义远大理想奋斗终身,至于如何在现实生活中为"远大理想"奋斗,自己并不十分清楚。在党组织帮助下,我认识到"远大理想""奋斗终身的精神"一定要与自己的学习任务紧密结合起来。学习是大学生的首要任务，我作为学生党员，把学习好科学文化知识看作党交给自己的重要任务去完成。当确定考研目标后，我坚定理想信念，发扬百折不挠的奋斗精神，刻苦学习、努力钻研。由于学习目标明确，终以辛勤的付出，取得阶段性收获。在未来的人生征途，我将更加脚踏实地地为共产主义远大理想而奋斗。

第四，认识到需要不断提高自己为人民服务的本领。

党组织的关怀和老师们的言传身教，使我充分认识到：当今世界发展到了知识经济时代，作为当代青年面向现代化、面向世界、面向未来，需要增加自己的知识储备量；作为共产党员，需要不断提高自己为人民服务的本领。考上研究生，只是在追梦的路上前进了一步，要想在实现中华民族伟大复兴的大道上，做勇敢的领跑人，必须以只争朝夕的紧迫感，如饥似渴地学习，不断充实自己、提高自己、丰富自己、完善自己。

第五，进一步确立了践行"诚实守信，知行合一"的行为准则。

党课上，老师讲过，人有信则立，国有信则兴；空谈误国，实干兴邦。共产党人的本色，既是党旗下的铿锵誓言、党章中的行为规范，更是我们在每一个岗位、每一个时刻的先进表现。老师的教导，使我懂得诚信不只是个人立身处世的基本规范，也是社会存续发展的重要基石；诚信不能仅仅停留在言语，更看重实际行动，要从每一件事做起。

程书记，我在这里向党组织、也向您郑重承诺，自己要做一个"言而有信"的共产党员，研究生毕业后，绝不留恋大城市优渥生活，坚决回到家乡百色。我要以真诚的人格力量，以个人遵信守诺的模范行为，当好建设家乡的领跑者。

您的学生、共产党员：黄文秀
2012年6月28日

信念是人们对于某种理念或事物深信不疑并且身体力行的精神状态。由于黄文秀具有对党的领导深信不疑和坚决听党话、跟党走的坚定信念，所以她始终对党心怀感恩，时刻把党和国家的利益放在高于一切的位置，竭尽全力地为党为人民工作，以无私的奉献去实现自己对党组织的庄严承诺。

如今，黄文秀在家乡扶贫的征途中献出了年轻生命，实现了自己的诺言，把生命永远留在了那块她眷恋的土地上。

三、"让群众真切感受到共产党的好"

毛泽东主席曾经指出："一切群众的实际生活问题，都是我们应当注意的问题。假如我们对这些问题注意了，解决了，满足了群众的需要，我们就真正成了群众生活的组织者，群众就会真正围绕在我们的周围，热烈地拥护我们。"党的群众工作，是一项富有情感温度的工作。广大党员干部作为人民群众的"孺子牛"，必须为群众办实事，树牢以人民为中心的发展思想，把满腔热情倾注在群众身上，真正地厚植于民。习近平同志指出："党的一切工作都是为老百姓利益着想，让老百姓幸福就是党的事业。"作为党员干部，我们有责任、有义务关心那些生活困难的群众，去帮助他们摆脱困境、过上幸福生活。只有这样，才能让老百姓感受到共产党好，让老百姓体会到共产党是人民群众根本利益的代表者。

在长期实践中，对党忠诚的崇高境界已深深融入中国共产党人的精神血脉。从"党叫干啥就干啥"的张思德和"把有限的生命投入到无限的为人民服务之中去"的雷锋，到"不救民于苦难，要共产党人来干啥"的谷文昌，再到"心中装着人民，唯独没有自己"的焦裕禄……无数共产党员在党爱党、在党为党，心系人民、情系人民，用忠诚一辈子、奉献一辈子的实际行动，展现了对党对人民的赤子情怀，铸就了我们党为人民过上幸福生活创造丰功伟业的历史荣光。

进入中国特色社会主义新时代，在脱贫攻坚的主战场，黄文秀传承对党忠诚崇高境界的红色精神，牢记对党忠诚的崇高境界是政治上的"定海神针"，牢记共产党员是自己的第一身份和为党工作是自己的第一职责，把个人前途命运同党和人民的事业紧密联系在一起，始终保持对党的忠诚心、对人民的感恩心、对事业的进取心；牢记民心是最大的政治，把群众观点、群众路线深深植根于思想中、具体落实到行动上，同人民群众想在一起、干在一起，许党报国、无私奉献。黄文秀在日记中写道：

有一次，在全村最远的长沙屯走访结束后，该屯的黄仕京坚持要留我们在他家一起吃晚饭。黄仕京家有5口人，父亲已经84岁，大儿子是广西民族大学大二学生，小儿子则于2018年7月考取广西医科大学，家庭开支主要依靠销售家里种植的八角和农闲时黄仕京外出务工维持，家中因学致贫。我了解到情况后，及时为他家申请了"雨露计划"，他家一次获得了5000元的补助，解了燃眉之急。席间，黄仕京突然问我："书记，听大家说你也是大学毕业生，还是从北京回来的研究生，怎么会想到来这么偏远的农村工作呢？我的孩子以后也会面临找工作问题，我真的对你当初的选择感到好奇。"

我思考了片刻对他说："百色，是一个集革命老区、少数民族地区、边境地区、大石山区、贫困地区、水库移民区'六位一体'的特殊地区，是全国脱贫攻坚主战场之一。作为家乡的一分子，面对如此情况，怎么还有理由不回来呢？一位世界著名的社会学家说过：'一个国家的落后在于精英的落后，而精英的落后在于嘲笑民众的落后。'我们党深刻明白这个道理，从而提出要靠教育扶持一批人脱贫，并且扶贫要扶志和扶智，这样一个切实为群众谋发展、谋福祉的党，我怎么能不响应号召呢？"同桌的老人听了我的话，当场端起酒碗向我敬酒，表示也要让家里的孩子在学校申请入党，以后让孩子回家乡工作。听了他的话，我心里非常感动，自己的工作能够让群众真切感受到共产党的好，对我来说是非常大的鼓舞。

"让群众真切感受到共产党的好",这种既朴素又真挚的表述,体现了黄文秀具有对党忠诚的崇高境界。由于黄文秀具有这种崇高境界,从而使她能够做到对党忠诚、争当先锋,能够做到言而有信、信仰坚定,能够忘我工作、勇创佳绩、拼搏进取、无私奉献。她牢记党的教导——除了人民的利益没有自己的特殊利益,做到了任何时候任何情况下个人利益都必须绝对地、无条件地服从党和人民的事业发展的需要,服从最广大人民的根本利益,正确处理公与私、义与利、苦与乐、得与失的关系,不断追求"我将无我,不负人民"的精神境界。她牢记群众利益无小事、一枝一叶总关情,坚持在群众所思所虑所忧所盼中找到努力方向,诚心诚意办实事,尽心尽力解难事,千方百计做好事,当好人民群众的知心人、贴心人、暖心人。她坚持深入群众、深入基层,善于察民情、听民声、集民智、聚民心,拜人民为师、向人民学习,不断增强为人民服务的工作本领。

"让群众真切感受到共产党的好"的表述,体现了黄文秀具有共产党人应有的事业观。她牢记习近平总书记"江山就是人民,人民就是江山""让老百姓幸福就是党的事业"的嘱托,努力顺应人民群众对美好生活的新期待,站在攻坚克难最前沿,用更大的力度、更实的措施保障和改善民生,朝着实现全体人民共同富裕不断迈进;把增进人民福祉当作最大的政绩,用心用情用力解决好群众急难愁盼的问题,让群众有更多的获得感、幸福感、安全感。她坚持立党为公、执政为民,贯彻以人民为中心的发展思想,牢记党的事业就是人民的事业,使党的各项事业深深扎根于人民群众之中,带领和依靠人民创造历史伟业;坚持完成党的各项工作和实现人民利益的一致性,把对党负责与对人民负责统一起来,始终把人民拥护不拥护、赞成不赞成、高兴不高兴、答应不答应作为衡量一切工作得失的标准;坚持"以百姓心为心",问政于民、问需于民、问计于民,把老百姓的安危冷暖时刻放在心上,想群众之所想、急群众之所急、解群众之所难、帮群众之所需,推动改革发展成果更多更公平惠及全体人民。

"让群众真切感受到共产党的好"的表述，体现了黄文秀具有为广大人民群众谋利益的价值观。我们党衡量党员领导干部是否具有共产主义远大理想的客观标准是"能否坚持全心全意为人民服务的根本宗旨"。习近平总书记深刻指出："中国共产党人的理想信念，建立在马克思主义科学真理的基础之上，建立在马克思主义揭示的人类社会发展规律的基础之上，建立在为最广大人民谋利益的崇高价值的基础之上。我们坚定，是因为我们追求的是真理。我们坚定，是因为我们遵循的是规律。我们坚定，是因为我们代表的是最广大人民根本利益。"历史表明，中国共产党人把"人民"二字铭刻在灵魂深处，用忠诚书写崇高信仰的精彩篇章。革命战争年代，从打土豪、分田地，到开展抗日战争、与侵略者进行殊死搏斗，再到推翻国民党反动统治、建立新中国，在一次次艰苦卓绝的伟大斗争中，中国共产党人抛头颅、洒热血，把对党的绝对忠诚和对人民的深情大爱紧密联系在一起，"为了千百万劳苦大众的共同长远的利益而奋斗到底"。在筚路蓝缕的建设时期和春潮澎湃的改革时期，我们党以赤子情怀守初心，以忘我精神担使命，与人民休戚与共、同甘共苦，充分彰显了中国共产党人对马克思主义的信仰，对中国特色社会主义和共产主义的信念，对党和人民的忠诚。进入新时代，作为广大党员干部杰出代表的黄文秀心里始终装着党、装着百姓，始终保持党同人民群众的血肉联系，竭诚为民服务、为民奋斗、为民奉献。

"让群众真切感受到共产党的好"的表述，使人们自然会想到《社会主义好》的歌词："共产党好，共产党好！共产党是人民的好领导，说得到，做得到，全心全意为人民立功劳。坚决跟着共产党，要把伟大祖国建设好，建设好。"《社会主义好》的歌词，展现着新中国建设者们崇高、纯洁的信念和无私奉献的精神。黄文秀"让群众真切感受到共产党的好"的表述，则饱含着她对中国共产党的无限忠诚和无限爱戴之情。共产党的干部，既是人民的公仆,也是群众的一员。黄文秀深刻认识到"我是谁、为了谁、依靠谁"的问题,始终牢记权力是人民赋予的,必须为人民服务,坚决反对特权思想和特权现象,老老实实当好人民的勤务员,她坚持"以百姓心为心",充分尊重群众的个体诉求,把群众的事当作自己的事,真正与群众想在一起、干在一起,在将心比心、以心换心中与群众打成一片、融为一体,追求"我将无我,不负人民"的精神境界,时刻保持对人民的赤子之心。也正是这样,黄文秀才具有"自己的工作能够让群众真切感受到共产党的好,对我来说是非常大的鼓舞"的崇高精神境界。

第四章
自强不息的顽强斗志

把"艰苦奋斗"这个词拆开来,就是艰苦和奋斗。艰苦一般指环境恶劣;奋斗则是指人的思想和行为,是付出艰辛努力、战胜各种困难,去实现宏伟目标的过程。艰苦和奋斗组合到一起,升华为一种具有普遍性的精神品质,超越了具体的环境和个体。艰苦奋斗精神是自强不息、百折不挠的意志,是个人、组织、民族或国家维护权益和尊严、争取进步、实现目标的精神状态。艰苦奋斗精神是中华优秀传统文化的重要组成部分,代表着中华民族最鲜明、最优秀的文化基因,孕育了以伟大建党精神为源头的中国共产党人精神谱系,激励着中华儿女为实现中华民族伟大复兴而团结奋斗。对中国共产党人来说,保持艰苦奋斗的精神状态,意味着追求一种卓越成就的人生态度。可以说,在中国共产党人的精神谱系中,没有哪一种精神出现的频率,能够比得上艰苦奋斗精神。艰苦奋斗精神与中国共产党具有天然的联系,是贯穿于中国共产党人精神谱系的一条红线,是中国共产党成功的法宝。中国共产党依靠艰苦奋斗精神获得了"进京赶考"的机会,依靠艰苦奋斗精神在"考场"上交出了一份阶段性的合格试卷。对中国共产党人而言,艰苦奋斗这种精神品质具有不变的基质,这就是自强不息、昂扬向上、锲而不舍、顽强拼搏、吃苦耐劳、乐观豁达、奋勇当先、甘于奉献。

黄文秀传承了中国共产党人艰苦奋斗精神的基质,她面对困难,自强不息、昂扬向上,不但不退却,反而是知难而进,坚信经过努力,幸福总会到来的;为了战胜困难,她锲而不舍、顽强拼搏,总是相信自己有足够的行为能力来承受和减弱原有负向价值对于自己的不良影响。黄文秀具有自强不息的顽强斗志,她甘于吃苦、以苦为乐、埋头苦干,为建设家乡奋力拼搏。她认为"每天都很辛苦,但心里很快乐"。

一、自强不息,昂扬向上

自强,是指坚持操守,依靠自己的力量立足,奋发图强。自强不息,是一种踏实肯干、努力奋斗、顽强拼搏的精神，是实现中华民族伟大复兴的精神支撑。

习近平总书记指出："中国人民自古就明白，世界上没有坐享其成的好事，要幸福就要奋斗。"艰苦奋斗是中华民族的传统美德，也是中国共产党人的传家宝。中国共产党赓续不断的艰苦奋斗精神，深深植根于中华民族的血脉之中。《易经》中道出"天行健，君子以自强不息""地势坤，君子以厚德载物"的自省；刘禹锡在《浪淘沙》中发出"千淘万漉虽辛苦，吹尽狂沙始到金"的豪言；屈原在《离骚》中心生"路漫漫其修远兮，吾将上下而求索"的感慨，这些都映射出中华民族自强不息的奋斗精神，彰显出中华民族昂扬向上的基因底色。

中国近现代史，说到底，就是一代又一代仁人志士和广大人民群众为救亡图存而艰苦探索、前仆后继、英勇奋斗的历史。中国共产党是中华民族中最杰出的群体，领导中国人民经过艰苦奋斗、顽强拼搏，把一个积贫积弱的旧中国建设成了一个繁荣昌盛、日新月异的社会主义国家。习近平总书记指出："一百年来，我们取得的一切成就，是中国共产党人、中国人民、中华民族团结奋斗的结果。"无疑，自强不息、昂扬向上的奋斗精神是我们党和国家最闪亮的精神标识。

幸福都是奋斗出来的。进入新时代，我们不忘初心、接续奋斗，建功新时代、兴业新时代。黄文秀家境贫困，父母亲常年有病，她深深懂得幸福是靠双手创造出来的。出身农家的黄文秀自强不息、昂扬向上，逐步成长为新时代传承艰苦奋斗精神的青年楷模。

黄文秀高中成绩不错，还竞选了学习委员，但是2007年高考，她以几分之差落榜，这是她人生中遭遇的第一次重大挫折。父母和兄姊都知道黄文秀好强，担心她走不出这个阴影。然而，令所有人吃惊的是，谁也没看到她悲伤与消沉。面对失败，黄文秀沉着冷静地选择努力奋起——复习再考，直到实现目标。她把复习再考的计划告诉父亲，得到父亲及全家人的支持。姐姐黄爱娟看到妹妹遇上困难不退缩，勇往直前，感叹道："原来在不知不觉中，妹妹已经长大了。"

2008年9月，19岁的黄文秀独自一人离开广西壮族自治区百色市田阳县，拖着行李箱，跨过右江、邕江、湘江，北上越过长江、黄河，行程两千多千米，从红土地的家乡到位于黄土高原的上党盆地长治学院求学。她从广西百色老家来到山西长治，这是她人生中的第一次远行。

因家庭贫困，黄文秀必须利用节假日到社会上打些零工，挣生活费用。从考入大学起，她就利用课余时间、周末和节假日勤工俭学，只要是力所能及的工作，都努力去做。在生活方面，黄文秀艰苦朴素，省吃俭用、节衣缩食。为节约开支、多挣生活费用，她寒暑假都很少回家。由于初来乍到，不熟悉环境、习惯等原因，往往事倍功半，甚至直接影响到她的学习成绩。但在现实面前，放弃打工、专心学习对她来说又是行不通的事情。面对困难，她不气馁、不泄气，挫折对她只是一种磨炼，她懂得从挫折中总结经验、吸取教训，除更加勤奋苦学、刻苦钻研外，还变换了挣钱的方式，做起家教。做家教对她来说有事半功倍之效，这就很好地协调了学习与生活问题。

人只要有信仰、有勇气，就不怕任何困难。黄文秀就属于敢把困难踩在脚下的强者。根据国家政策，家庭经济困难的大学生，可以向学校申请助学金。黄文秀对老师、对同学从不讲自己家庭的困难，班里推荐贫困生补助名单，她总是谦让给别的同学，自己的困难靠打工解决。

长治学院思想政治教育专业是师范类专业，要想拿到毕业证，就必须考教师资格证。拿教师资格证，首先要求普通话必须过关。况且，随着社会的进步和发展，人们交流、交往空间的拓展，即便从事其他一些职业，普通话也要求达到相应水平。思想政治教育专业的学生多数来自农村家庭，大部分普通话不过关。黄文秀来自广西百色，南方口音重，学普通话遇到的困难就更大，但是她坚信只要勤学多练，自己肯定能学好普通话。黄文秀知难而进、不怕嘲笑、持之以恒，每天早起半个小时像念英语一样去大声地练习普通话，她的语感比较好，经过苦练，普通话终于在毕业前达到了要求的水平。

黄文秀在大一时，由于语言、环境和生活习惯等方面的差异，也由于没有协调处理好学习和打工的矛盾，导致她的学习成绩排名不够理想。但她能够及时分析问题，从自身找原因，探索解决矛盾的新方法。她改换打工方式，从打零工转向做家教，这就较好地解决了学习和勤工俭学的问题。在学习方面，黄文秀更加努力，课堂上她总是坐在靠前位置，全神贯注，认真听讲、记笔记；课间她时常抢着擦黑板，喜欢和老师们交流，经常向老师请教一些问题；课后的作业，她总是认认真真，写得满满当当，按时完成；课本和笔记本上，她习惯用红笔在上边进行标注。由于白天上课和节假日打工，黄文秀便更多地利用晚上做作业、预习功课，经常钻研到深夜。经过自己的不懈努力，大三第一个学期，她的学习成绩进入班里前10名。正是因为黄文秀自强不息、昂扬向上，经过她的努力拼搏，她的学习成绩逐步上升，进入理想状态。

2010年12月25日，黄文秀被党组织确定为入党发展对象。第二天，党总支书记程过富动员她考研，当她得知自己的家乡建设更需要高层次人才时，就下了考研的决心。考研目标确定之后，黄文秀开始向既定目标冲刺。从此，同学们每天都能看到黄文秀除了上课，就是拿着"考研杯"，装了一大杯水；背着"考研包"，装满了考研书籍和面包在图书馆苦学，她经常一学就是一整天。通过一年多的奋力拼搏，黄文秀终于如愿以偿，考入北京师范大学思想政治教育专业，攻读硕士研究生。

黄文秀在长治学院4年的学习生活中，在学习上的刻苦、工作上的勤奋、生活上的清贫，给老师和同学们留下了深刻印象。她从刚开始学习成绩平平到毕业时成绩进入班级前十名，再到考上北京师范大学研究生，通过自己的刻苦钻研和拼搏努力，实现了一次又一次的跨越。图书馆、阅览室、教室、自习室、石凳上、路灯下……都留下了黄文秀学习的身影。黄文秀隔壁宿舍周娟娟同学说："文秀每天天不亮就出去学习，她不是在自习室就是在校园里的石凳上，你去这些地方找她准没错。"

黄文秀班的班委委员安强同学说："有一个周末，通知班里同学到学校餐厅打扫卫生。由于是早上七点多，很多同学都不愿意起床，但是文秀早早就到了餐厅，而且脏活累活抢着干，干活认真细致，也不抱怨。"安强同学还说："她（文秀）是我们08思政1班永远的生活委员，作为班内为数不多的少数民族同学，她的乐观、爱笑、正面、向上，给人留下深刻的印象。还清晰记得每次在校园里碰见她，或是去往自习室的路上，或是在图书馆的阅览室，或是打热水的水房……总是她笑盈盈地先跟我们打招呼。"

安桂香同学是黄文秀同班舍友，她说："文秀是很坚韧的女孩子。读大学时，文秀初到北方，她不适应北方的气候、饮食和生活习惯，比如北方的面食、北方的澡堂、北方的水质等，但她是如小草一般坚强的姑娘，走到哪里，就在哪里生根发芽。就读大学时，宿舍姐妹们经常利用周末和节假日相约去勤工俭学。代课、发传单、做临促、摆地摊……文秀特别能吃苦，她聪慧能干，遇到困难总是有很多的金点子，正是因为有了一直以来生活的磨砺，才有了扶贫时吃苦耐劳、坚韧能干的文秀书记。"

高霞同学也是黄文秀同班舍友，她说："文秀非常孝顺，奶奶和妈妈身体都不好，听说喝蜂王浆对身体有好处，她托我买，她从山西坐二十几个小时的火车往家拿，为了保证瓶子不被挤破，裹了一层又一层。她很懂事，也很能吃苦，上大学期间，正是女孩子爱美的时候，但是她从来不会向父母要钱。为了减轻家里的负担，她从来没间断过勤工俭学，做家教、发传单、推销产品，从来都听不到她抱怨生活，永远积极阳光，用自己的乐观感染着我们每一个人。"

在长治学院，黄文秀度过的4年青春岁月中，她不仅圆满完成了大学本科阶段的学业任务，还考上了北京师范大学硕士研究生，更重要的是光荣地加入了中国共产党，并在心中深深地种下了一颗报效祖国的种子。

长治学院的老师和同学们，对来自广西壮乡的黄文秀评价是：自强不息、昂扬向上。

下面是黄文秀入党的当天写下的思想汇报。

尊敬的党组织：

今天支部大会上，全体党员举手表决，一致通过接收我加入中国共产党。他们在举起右手的那一刻，我的心几乎要跳出来。加入党组织，我多年的夙愿终于实现了。我高兴，我激昂，我……选择哪个词都不能表达当时的心情，即便到现在，支部大会结束已经过去几个小时，我的心依然在激荡飞扬，我的血液依然在翻滚喷涌；我的思绪依然在穿越蔓延。

说实话，当参会的正式党员们准备举手表决时，我心里紧张得要命，揣测着表决结果，生怕得不到规定的票数，失去这次入党的机会。我的担心来自于对党无限的热爱，对共产主义无限的向往，期望早日加入党组织，在党组织的领导和教育下更好地成长。

上小学之前，我跟着父亲和姐姐学会《唱支山歌给党听》，尽管那时我不能完全理解党代表着什么，但是，从父亲和姐姐的言谈中，感觉到党是我们家的恩人，是贫苦百姓的救命人。

在中小学，通过课堂学习、社会实践和阅览课外书籍，使我初步了解了中国共产党筚路蓝缕奠基立业的艰难历程，初步理解了历史和人民为什么选择了中国共产党、为什么选择了社会主义道路，认识到过去无数共产党人的流血牺牲与现在每一个人幸福生活之间的关系，进而增进了我对党的亲近感、认同感，为热爱中国共产党奠定了深厚的情感基础。

进入大学，我到了能够入党的年龄，便迫不及待地想加入党组织。从递交入党申请书那天起，我对加入党组织充满了憧憬和期待。通过参加党课学习，我的思想觉悟和对党的认识有了进一步提高。为了经得起组织的考验，我把《中国共产党章程》背得滚瓜烂熟，以党章的要求规范自己的行为。

可是，与身边的优秀同学相比，我有自身的不足，一是经常外出打工，参加班里的课外活动较少；二是大一第一个学期，没有做好勤工俭学的协调工作，影响了学习成绩。我知道学习成绩是学生入党考察的一个重要指标，党组织不会因自己家里经济状况差，需要勤工俭学，就降低标准接收自己。因此，提高学习成绩是自己入党道路上必须攻克的难关。

在党组织、老师和同学们的帮助下，经过自己的刻苦努力，我的学习成绩逐步提高，2010年初（大二第二学期）我被组织确定为入党积极分子，参加了入党积极分子培训班学习。我在培训班系统地学习了党的先进理论，重温了党近90年的风雨历程。通过学习，更坚定了我为实现共产主义奋斗终身的信仰和建设中国特色社会主义的信念。

升入大三，我们班已有4名同学分两批加入党组织。看着身边的同学陆续成为党员，我心急如焚。尽管经过一年多的拼搏，我取得了较好的学习成绩，但是在班里排名仍待提升。面对困难，在党组织的帮助与鼓励下，我迎难而上，以勤补拙，将学习成绩冲进本班前十。

我在入党的征途中，经历了坎坷，在党组织的教导下克服重重困难，在历练中一步步成长、一步步走向成熟。2010年12月25日，我被确定为入党发展对象时，心里充满风雨过后见彩虹的喜悦，感觉人生经受过艰辛才有激情，只有敢于克服艰难险阻，才能在人生道路上继续攀登高峰。

今天，我终于被党组织接收为预备党员，实现了向往已久的愿望。入党是我人生中最重要的里程碑，是我政治生活新的开端。2011年6月2日，是我人生当中最幸福、最值得庆贺的日子，也将是我终生最刻骨铭心的日子。

入党是我人生新起点，标志着我有了特定属性的政治身份。我深知共产党员不仅是一种身份的象征，更意味着一种神圣的使命和责任。共产党员的身份承载着党和人民的殷切期望，承载着党和人民的重托，承载着实现中华民族伟大复兴的历史使命，承载着履行全心全意为人民服务的宗旨，承载着推进共产主义目标实现的重任。

在入党这个特殊的日子里，我郑重向党组织承诺：我会严格遵守《中国共产党章程》的规定，去履行共产党员的各项义务，做一名改革开放新时期最好的党员，用自己的模范行为诠释共产党员的责任和担当。

当然，在这幸福的时刻，我特别应该感谢党组织、感谢程书记对我的培养和教育，感谢老师、同学们对我的关心和帮助。

思想汇报人：黄文秀

2011年6月2日

二、锲而不舍，顽强拼搏

"骐骥一跃，不能十步；驽马十驾，功在不舍。"从来没有一蹴而就的成功，也不会有一劳永逸的进步。必须始终坚守初心，不移其志，把对党和人民的忠诚和热爱牢记在心目中、落实在行动上，以坚忍执着的理想信念，以对党和人民的赤胆忠心，勇于面对困难，锲而不舍，真抓实干，不懈努力，奋勇直前。

中国共产党是靠自力更生、艰苦奋斗起家的。经过百年磨砺，自力更生、艰苦奋斗的精神已经熔铸于党的基因血脉之中，成为党的政治本色和优良传统。中国共产党清醒地认识到，无论发展到什么程度，我们都不能丢弃艰苦奋斗的精神。中华人民共和国成立前夕，毛泽东主席曾告诫全党："务必使同志们继续地保持谦虚、谨慎、不骄、不躁的作风，务必使同志们继续地保持艰苦奋斗的作风。"在改革开放的新时期，邓小平同志指出："我们的国家越发展，越要抓艰苦创业。"十八大以来，习近平总书记强调要永葆艰苦奋斗本色，并指出能不能坚守艰苦奋斗精神，是关系党和人民事业兴衰成败的大事。2022年10月27日，习近平总书记带领全体中央政治局常委，在陕西瞻仰延安革命纪念地时指出，无论我们将来物质生活多么丰富，自力更生、艰苦奋斗的精神一定不能丢。这些重要论述不断给艰苦奋斗精神注入新的内涵，为我们党永葆先进性和纯洁性、永远得到人民群众拥护、永远走在时代前列提供了精神支撑。

锲而不舍、顽强拼搏是我们党团结带领人民不畏艰难、不懈奋斗的精神动力。党的十八大以来，中华民族伟大复兴虽然展现出前所未有的光明前景，但在实现伟大梦想的征途中，我们需要主动接过先辈艰苦奋斗的接力棒，传承勤俭节约、白手起家的传统美德，坚守不怕牺牲、甘于奉献的无私品格，永葆锲而不舍、顽强拼搏的奋斗韧劲。对此，黄文秀为广大党员干部和青年作出了榜样。

为了使百坭村能够如期完成脱贫攻坚任务，黄文秀传承先烈们奋勇前进、不断拼搏的精神，用担当实干的劲头，去做好每一项具体工作。扶贫工作的第一个难关是"入户难"，由于许多村民白天不在家，并且有的贫困户态度不是很友好，甚至给黄文秀吃"闭门羹"或者刁难她。黄文秀对白天没人在家的农户，就放在下午五六点之后，趁着村民做饭时入户走访调查。对抵触情绪强烈的村民，黄文秀想方设法与他们拉近关系、增强情感，打开他们的心结，使他们认识到支持党的扶贫工作是自己摆脱贫困的有效途径。

2018年5月，黄文秀在对百坭全村各屯基本情况初步掌握之后，带领村"两委"干部，重点推进果木产业园建设和选择"致富带头人"的工作。黄文秀和村干部一致认为：百坭村的经济要发展起来，还是要做产业，而产业要做起来，就需要培养几个有技术、懂经营的能者当带头人。她和村委们商定请有果树管理经验的班统茂出山，做百坭村种植致富带头人。

黄文秀满怀希望找到班统茂，请他做脱贫带头人，带动大家重新把荒废的果园管理起来。他却连连摇头，坚决不干。班统茂不愿意挑这个头，有自己的想法：砂糖橘对管护技术要求比较高，很多季节性的施肥、护理及防治病虫害等工作费时费力又费钱，弄不好就把本钱全都赔进去。他种植砂糖橘3年多，心理压力很大，在这个事情上骑虎难下。想当初，头脑发热，兴冲冲一口气种了30多亩砂糖橘，结果呢，管理这些树木非常吃力，又苦又累先别说，每天看着果园黄一片、绿一片的，他活得战战兢兢、提心吊胆，唯恐自己的果树出问题。班统茂以前没有种植过砂糖橘，也没有学习过相关技术，全凭自己对这些果树的深厚情感，像养孩子一样，摸索着照看它们。管理30亩果园已经让他累得疲惫不堪，再当示范户、带头人，整天得考虑500亩砂糖橘的长势，这副担子太重了，他没有勇气去承担。

第一次动员被拒绝后，黄文秀认真分析了班统茂的顾虑，觉得自己工作不到位，应该先去请县、市的技术人员下来帮助班统茂提高种植技术。第二天，黄文秀又到班统茂家，得知班大哥不在家，便跑到果园里，恳求道："班大哥，砂糖橘示范户还得你当。缺乏技术，我到县里、市里请技术员来传授技术，你有基础，学得快。"结果班统茂仍旧不肯答应，他想，即便有人来做技术指导，果树丰产了，没有销路卖不出，道路不通运不出，果子烂在屯子里，照样挣不了钱。让街坊邻居跟着自己折腾上大半年，挣不到钱，自己肯定落个老鼠过街人人喊打的下场。班统茂对黄文秀说："进屯子的路，你也看到了，都是坑坑洼洼的土路，有些路段窄得骑个摩托车还得是晴天，遇上下雨天，行人被困在屯里，两三天出不去是常事。上一年砂糖橘产量还不错，但有许多烂在地里拉不出去，让人看着心痛。长得多了烂得更多，干嘛费力找心堵。"

黄文秀把班统茂的顾虑提到"两委"会上讨论，大家群策群力，讨论决定，在县里修路项目实施之前，发动全村劳力，先整修通车道路。她带着修路的承诺再次找到班统茂说："班大哥，你一定要带领乡亲们把砂糖橘产业拾起来。你只需要负责带领大家把果园管好，修路、销路的问题由我来想办法解决。"这一次，班统茂看着这个执着的小姑娘，再也无法推辞。真可谓精诚所至，金石为开。就这样，经过黄文秀锲而不舍地做班统茂的工作，班统茂被黄文秀的执着和诚意所打动，终于甩掉顾虑，答应担起"致富带头人"的重担。

后来，黄文秀说到做到，她把市、县的果树专家、技术员请到百坭村，为果园里的砂糖橘把脉，现场示范，给村民们传授果树种植和管理知识。对于有初步管理技术的班统茂，在专家的指导下，很快掌握了果树管理技术，并能指导村里的其他果农管理果园，从而使百坭村的砂糖橘在2018年获得大丰收，产量是2017年的好几倍。看着丰收的砂糖橘，黄文秀不忘自己的承诺，积极联系销路，帮助果农找销售商。

其实，几个月前，黄文秀把市里的技术员请来传授果树管理技术，她就坚信在技术员的指导下，砂糖橘产量会提高很多，从那时起，黄文秀就四处奔走、多方联系，请同事、老师、同学帮忙，最终与云南、贵州、四川、海南等地水果商签订了销售协议，为百坭村的砂糖橘找到销路。那时，对产量估计有点保守，协议销售量远低于当年实际产量。砂糖橘大幅度增产，给黄文秀带来无比幸福的喜悦，同时，销售的压力骤然加大。当然，她一再告诫自己，在这个节骨眼上，不能掉链子，得想办法多找几条销路，一定要把果子全部卖出。她挨个去找附近水果经销商，请他们帮一把百坭村的果农，动员村里年轻人开电商，在网上推销……

为了把果子运出去，黄文秀为那用屯申请了1.8千米的道路硬化项目，初步解决了交通运输问题。在黄文秀顽强拼搏下，不到一年时间，百坭村的果园产业进入快速发展轨道，提升了百坭村村民种植致富的信心。

黄文秀不幸遇难后，富裕起来的班统茂感念黄文秀的鼓励和提携，他决心不辜负黄文秀的期望，做好"致富带头人"，和村民一道走共同致富的道路。现在，每每提及黄文秀，班统茂都十分伤感。

2020年6月，由长治学院21名师生组成的黄文秀社会实践团队，到广西百色黄文秀生前生活和工作的地方，以"追忆文秀足迹，秉承文秀遗志"为主题，开展社会实践活动。那用屯，是百坭村砂糖橘产业园区所在地。社会实践团队到了那用屯，一下车便见到了砂糖橘致富带头人班统茂，他一脸的忠厚老实，甚至有些木讷。他向团队成员讲述了之前和黄文秀一起工作的点点滴滴，以及过去和现在生活发生的变化。当提到黄文秀的名字时，却依然眼含热泪、几度哽咽。这足以表明他发自内心对黄文秀牺牲的悲痛，也体现出黄文秀和群众建立的血脉相连的深厚情谊。班统茂带着团队成员参观砂糖橘产业园区，他讲道："当时文秀书记一个人背着50多斤重的砂糖橘上上下下，这是很多男人才能承受的重量，所以我们都很佩服她。收果子那些日子里，文秀书记经常来帮我们一起……"说到这里班统茂又哽咽了。

"没有文秀书记，就没有我的现在"是班统茂始终重复的话。班统茂的家在那用屯的最深处，只有走过"连心桥"，才能到达班统茂的家。那用屯临河建村，屯子前面是一条河，要进出屯子，必须过河。河上的浮桥是根圆木，一下大雨，河水暴涨，圆木被冲掉，出屯路就断了，只能等河水降落之后，踩着河里的石头进出屯子。"连心桥"是黄文秀生前为方便群众进出而搭建的，她带着村民砍了三根长木，用钢丝绳捆在一起，架在两岸。这个木桥虽然简易，但它方便了那用屯村民出行，方便了扶贫工作的开展，也连起了干部和群众的心。现在这条河上，已经建了一条宽宽的水泥桥，更方便了村民的出行。

在黄文秀的带领下，班统茂已经脱贫，住了十几年的毛坯房，终于在2019年经过装修，大变了样。班统茂边向团队成员展示以前毛坯房照片边说："我会把文秀书记的精神传承下去，做好这个致富带头人。"

三、"每天都很辛苦，但心里很快乐"

对中国共产党人而言，为了战胜困难，不仅要无所畏惧、锲而不舍、顽强拼搏，更要具有宽阔的胸襟和乐观的态度，坚信经过努力幸福总会到来的，坚信经过奋斗事业总会成功的。无论是新民主主义革命时期，还是社会主义革命、建设、改革开放时期，中国共产党一直倡导要树立正确的苦乐观，做到"先天下之忧而忧，后天下之乐而乐"，提倡以苦为乐、以苦为荣，为党和人民的事业鞠躬尽瘁，即使再苦也是快乐而光荣的。毛泽东曾在日记中写道："与天奋斗，其乐无穷！与地奋斗，其乐无穷！与人奋斗，其乐无穷！"这句大家耳熟能详的名言，无疑是毛泽东面对困难表现出的豪迈气概和乐观态度。乐观态度，是一种积极向上的心态。抱有乐观心态的人，对未来充满信心，遇到困难和挑战，第一反应是勇敢面对，相信自己有能力找出解决问题的方法。乐观是一种信仰，持有乐观心态的人，会坚持不懈地追寻自己的梦想，执着追求，坚韧不拔往前走，从而获得成功。回顾党的百年历史，不怕吃苦、乐于吃苦是共产党人的优秀品质。尤其是伟大长征精神，其核心就是革命英雄主义和革命乐观主义精神，正如毛泽东的长征律诗《七律·长征》："红军不怕远征难，万水千山只等闲。五岭逶迤腾细浪，乌蒙磅礴走泥丸。金沙水拍云崖暖，大渡桥横铁索寒。更喜岷山千里雪，三军过后尽开颜。"在艰苦卓绝的长征路上，作为领袖的毛泽东不仅需要思考党和红军的战略方针，而且还能静心写诗作文，可见其面对困难信心百倍、乐观向上。毛泽东等老一辈共产党人的乐观主义精神，激励着一代代共产党人，使他们不仅敢于面对困难，而且富有战胜困难的决心。在黄文秀短暂的人生中，同样充满了一个共产党人所具有的这种昂扬向上、勇往直前的乐观主义精神。

大学本科，是黄文秀人生中最具挑战的学生生涯，记录着黄文秀4年自强不息的奋斗足迹。对于黄文秀来说，这4年来她好像是一个旋转的陀螺，从没有停歇，或是冲向教室、迈进图书馆、坐在石凳上苦读，或是奔波于勤工俭学的场所赚取学费和零用钱，或是到学生社团参加社会公益活动……特别是在考研那段奔跑的岁月中，她带着建设家乡的梦想，夜以继日地刻苦学习，不断补齐短板弱项，在艰苦奋斗中快乐成长，度过了人生中极为重要的时光。

在长治学院，黄文秀虽然承受着极大的经济压力和学习压力，但是老师和同学们对她印象最深刻的却是她的笑容。黄文秀有礼貌、性格开朗、待人热情，时常逗大家开心，是同学们的"开心果"。秦栋艳和黄文秀睡上下铺，毕业时被南京师范大学录取为硕士研究生，现在在南京工作，她回忆说："随着接触的慢慢深入，大家对文秀的了解也越来越多，知道秀热心善良，责任心强。作为舍长的秀总会安排好宿舍的各种活动，在舍友们需要帮助的时候伸出援手，帮忙打水、打饭、打扫卫生，在暖水壶里煮鸡蛋给我们吃。秀的兴趣爱好非常广泛，她喜欢画画、写毛笔字、弹吉他、看电影，并且还是一个不折不扣的行动派，喜欢什么就立刻去学去做，时不时在宿舍展示给大家。勤工俭学是文秀大学生活很重要的一部分，为减轻家庭的负担，节假日她做过家教、发过传单、推销过牛奶、在咖啡厅做过服务员。纵然生活不易，可文秀始终乐观对待，非但不叫苦叫累，反而是我们宿舍最风趣幽默的人，并且总能出其不意讲一些有趣的笑话逗得我们捧腹大笑，大家称她为'301开心果'，有秀在的时候，宿舍总是笑声不断。"

王晶和黄文秀同班同学，来自湖南，毕业时被武汉大学录取为硕士研究生，读博后现在在华中农业大学任教，她回忆说："我们这些一进校门就想着大干一场的牛犊子们，开学后没多久就在校外相会了。只记得骗子们要我们推销某一种涂抹型的药物，每人得交300元左右的会费。见多识广的同学很快看出这是骗人组织，早早离去，剩下我和文秀几个'没心没肺、没头没脑'的，认认真真听人授课，最后还一愣一愣地给了会费。咳！只当我们几个急于求成,算是交了初入社会的'学费'了。

"我们像其他大学生一样,加入社团、报各种兴趣班,我和文秀几个同学报了拉丁舞班。每周四晚上,我们会在高年级学长的指导下学跳一阵,度过新鲜又愉快的时光。舞蹈班上练了两下子,大家纷纷想到元旦晚会的大舞台上一展风采。然而,我们自知拉丁舞水平拿不出手,于是干脆从网络上学了一段舞蹈,并设定:表演时,舞台灯光关闭,大家身着黑色衣服,手握荧光棒,一边有节奏地敲打,一边变换队形。荧光棒在黑暗中随着鼓点划出光亮,我们幻想着观众会惊讶于我们的独特设计。然而,理想很丰满,现实很骨感。表演当天,随着音乐响起,我们精神抖擞地手握荧光棒跑到前台,跟着鼓点变换队形。谁也没想到,后台操作人员居然忘记给我们关灯。观众看到一群穿着黑不溜秋衬衣衬裤、手握棍子(在强光下,荧光棒看起来像棍子)、素面朝天的年轻人,在舞台上无厘头地跑来跑去,难免发出一些唏嘘声。大多数同学的表演情绪顿时低落下来。文秀当时站在最前面,她既不受灯光的影响,也不在乎唏嘘声,继续潇洒表演。大家看到领头雁不乱阵脚,立即调整情绪,坚持完成表演。

"冬月里一个星期天,我们一起去发传单。那天北风凛冽,街上行人很少,整整一个上午,我们连200张广告纸都没有发出。按规定,每发出100张才能挣5块钱。一上午挣不到10元钱。我问文秀有何感想,文秀咧着嘴边笑边说:'跟熟悉的朋友一起打工,挺冷也挺开心的。'当时大家感受到的不是失落,而是温暖。……"

王晶回忆起和文秀几个同学共同复习考研的情形时说:"早上六点半,天还没亮,大家就一起爬到教学楼西部的一个大教室早读。那段时间仿佛白驹过隙,起早贪黑地学习,好在结果是令人高兴的。同学们基本考上了心仪的学校。文秀和一些同学去了北京,还有一些同学去了上海、天津、重庆、南京、西安、厦门等地,我回到了南方的武汉大学。在一起的时候,明明没想着要记住什么，分开了以后，有一些事情就留在记忆里了，尤其是文秀的那张笑脸会长长久久地存在着。"

从王晶的回忆中可知，黄文秀刚上大学没几天，就被社会上的不法分子骗了300元。她本来是想通过为那个公司推销产品挣取生活费，结果白白贴了几百元。几百元对一个家境十分贫困的学生来说，是个沉重的打击。黄文秀遇上这种事，也很伤心，但没有怨天尤人地向老师和同学唠叨，而是及时吸取教训，在后面的勤工俭学中擦亮眼睛，认清是非。在舞台表演中出了意外，黄文秀从容镇定，坚持做到最好。

无疑，黄文秀的大学岁月是忙碌的、艰辛的，同时，也是充实的、快乐的。

初到百坭村时，黄文秀给人们的印象就像她的名字一样，文文弱弱，非常秀气。大家心想，驻村第一书记的扶贫工作任务很重，很辛苦，一个肩不能扛、手不能提的女孩子能干好第一书记的工作吗？村支书周昌战问黄文秀："驻村很辛苦，你能坚持吗？"黄文秀只是用一个微笑回答了他。

2018年4月8日，黄文秀在日记中写道："上午入户了解情况，到的地方是者乐屯。蒙隆球、韦乃情两户，2018年如无意外情况，脱贫没问题。晚上7:30在镇里参加工作部署会，黄保锦书记向我们传达了县一级脱贫攻坚计划和目前镇一级的工作安排，并向我们强调转化角色，将自己的青春奉献给脱贫攻坚事业。"黄文秀理解镇、村书记的担忧，他们怕习惯了城市现代生活的青年人吃不了苦，担不起驻村第一书记的重担。因此，她谨记自己的初心与使命，对每项工作都全力投入，每个环节都非常细心。她为了把工作落实好，经常开会开到很晚，有时候一直开到凌晨一两点。当时周支书就想，一个姑娘远离家乡来到村里，真的很不容易，但是文秀却能够在百坭村里这么艰苦的环境下，勇敢地挑战自己、战胜困难，这种艰苦朴素、工作严谨的态度让人敬佩。

者乐屯是百坭村最南边的一个屯，离村部比较远，村民进出屯子必须路经一座木结构吊桥。吊桥长50多米，宽不到1米，高出水面10多米。黄文秀要去者乐屯家访，必须走吊桥。第一次走上吊桥时，她感到自己整个身体随桥一起晃动，心生恐惧。共产党人要帮扶群众过上幸福生活的责任感，鼓励她硬着头皮、咬紧牙关，克服恐惧，勇敢地迈出前进的步伐，走过吊桥，进入者乐屯农户家里。之后，一年多的时间内，走过吊桥多少次，黄文秀没有统计过，只是感觉走在吊桥上如履平地。

韦乃情家住者乐屯，小孙子一岁多了，家长还没有到派出所给他上户口。哪知，孩子生病住院花了几千元，由于缺少户籍资料，住院费不能报销。对于韦乃情家来说，这笔费用给家庭经济造成的压力很大。黄文秀了解到韦乃情既不识字，也不善言辞，就主动帮他收集资料，开具证明，到派出所办理户口，跑县里申请医疗补助。来回折腾了好几次，最终得到妥善解决。

2019年春，韦乃情家又生了个孙女。黄文秀知道他儿子在外工作，便及时帮他到派出所给孙女上户口。

韦乃情是建档立卡贫困户，他家的《帮扶手册》上记录着黄文秀2018年入户走访12次。据韦乃情回忆：黄文秀经常帮他家协调解决各种生产、生活问题，实际走访次数比《帮扶手册》上记录得多，有时候，一个月就来家三四次，还多次到镇里、县里为他家办事；每次来时都会给他的小孙子带牛奶、糖果和玩具；春节还硬塞给小孙子500元红包。

黄文秀为解决百坭村百姓的生活困难，以苦为乐，不分昼夜地忙碌。

这与黄文秀的成长经历息息相关。黄文秀家是贫困户，但她坚持读高中上大学，上完大学又读研究生，研究生毕业后又主动回乡并到扶贫一线参与脱贫攻坚战。她走过的每一段人生之路，都是艰辛与快乐共存。黄文秀从进入大学就把《西行漫记》作为她的必读书目之一，时常翻阅，红军长征及长征精神深深刻在了她的脑海中。黄文秀认为，今天这点苦比起长征来又算得了什么？因此，她对理想充满了自信，对人生充满了乐观。她在2018年7

月26日的日记中写道:"今天是星期四,镇里又布置了许多工作。关于我们村的产业园的牌子,一直在努力中,5个致富带头人也在培养中。每天都很辛苦,但心里很快乐。"她驻村满一年那天在朋友圈写道:"我心中的长征,驻村一周年愉快!"这种苦中有乐的高尚情操,体现了一个共产党人应有的苦乐观。

只有一个对艰苦奋斗有着清醒认知的人,一个对人生充满快乐的人,才会在艰苦的环境和困难面前有长期奋斗的思想准备,才会以乐观的态度下好先手棋、打好主动仗。中华民族伟大复兴离不开持之以恒、充满韧性的奋斗,需要千千万万个黄文秀式的高学历青年以共产党人所具有的苦乐观严格要求自己,以不畏苦、敢吃苦和以苦为乐的情怀,勇于到艰苦环境、到基层岗位摔打磨炼,不断积累经验、锤炼本事、砥砺品格,艰苦奋斗在前、奉献担当在前,把吃苦当作一种责任、一种追求、一种担当、一种快乐,为工作尽心尽力、为人民努力奉献。

第五章

团结友善的道德情操

团结友善是社会主义公民基本道德规范之一。团结，指人们为了共同的利益和目标，在思想上和行动上相互关爱、步调一致的社会关系和道德规范。习近平总书记指出："团结是铁，团结是钢，团结就是力量。团结是中国人民和中华民族战胜前进道路上一切风险挑战、不断从胜利走向新的胜利的重要保证。"历史表明，一个四分五裂的国家不可能发展进步。

友善即与人为善，指人与人之间平等相待、相互友好、相互帮助、共同进步的道德行为，是一种对他人尊重、宽容、关爱和帮助的道德素养，是调节社会人际关系的重要规范，它体现的行为和情感表达是人类生活所不能或缺的，在社会生活中发挥着不可替代的作用。

团结友善的道德情操，能给人以温暖和重新振作的勇气，对于人们的工作和生活起积极的促进作用，对于建立美好和谐的新型社会主义道德风尚有着重要作用。

一百多年来，在中国共产党带领中国人民奋斗的进程中，树立了无数的团结友善的典范。雷锋的"一滴水"精神，形象地概括了团结友善的具体内涵，他说："一滴水只有放进大海里才能永远不干涸，一个人只有当他把自己和集体事业融合在一起的时候才能最有力量。"在新时代，黄文秀弘扬雷锋的"一滴水"精神，积极践行社会主义友善价值观，凝聚共识、团结奋进、热爱集体、与人为善。黄文秀在入党申请书中写道："不能光为自己而活，要用自己的力量为国家、为民族、为社会做出贡献。"她短暂的一生为广大党员和青年树立起了一座团结友善崇高道德情操的丰碑。

一、凝聚共识，团结奋进

在5000年的历史长河中，团结、奋进、壮大一直都是中华民族发展的主旋律。共识是团结的基础，团结是立国之本，奋进是国家发展壮大的动力。因此，我们要尽最大限度调动一切积极因素，有效凝聚共识，汇集力量，团结奋进，攻克难关，实现伟大中国梦。

团结奋斗是中国共产党百年求索铸就的宝贵精神品质，团结一切可以团结的力量，是我们党百年来不断取得胜利的一大法宝。团结就是力量，奋斗开创未来。抗战时期，中国共产党高举团结抗战大旗，促进国共两党实现团结合作抗日，组成了抗日民族统一战线。在抗日民族统一战线旗帜下，凝聚起全体中华儿女的爱国共识，大家心往一处想、劲往一处使，抗日的烽火在中华大地熊熊燃烧："红日照遍了东方，自由之神在纵情歌唱……母亲叫儿打东洋，妻子送郎上战场。"中国军民团结奋战、不怕流血牺牲、百折不挠，最终赶走侵略者，保卫了自己的国家。在新中国建设时期，中国共产党领导全国人民掀起劳动生产大高潮，奠定了我国工农业生产快速发展的基础。在那个时期，最能体现中国人民团结起来，向贫穷宣战的代表是：平顺县西沟村互助组（农业先进村）、大庆油田（工业先锋）、林县红旗渠（"人工天河"）。黄文秀在长治学院读书期间，沿着浊漳河，寻觅当年红旗渠修建的踪迹。下面是黄文秀参观红旗渠后的一份思想汇报。

敬爱的党组织：

暑假期间，我趁家教空当的这几天，到平顺县石城镇侯壁村红旗渠源头探访，使我感受到团结奋斗的力量，感受到愚公移山的精神。

探访红旗渠的决定来自两个同学"比旱"，一个壶关籍同学说："我奶奶讲，他们那代人小时候从来没洗过澡，洗脸水也是重复使用，半个月才换一次。"林州籍同学说："你们壶关比我们林县好多了。不洗脸算个啥，我们县还有人因为两桶水自杀的。"我听到因水自杀，吃惊地问："两桶水值多钱，还要自杀？我感觉你在蒙我们。"林州籍同学为了证明故事的真实性，把当地流传的那个故事讲给我们："林县西北有个叫桑耳庄的村子，村子里没有一口井，全村人吃水都是到十多里外的黄崖泉挑水。1920年腊月三十,村子里的桑林茂老汉从黄崖泉挑着两桶水回家。他小心翼翼地走在崎岖的山间小路上,生怕把桶里的水荡出来。眼看天色黑下来,儿媳妇出村去接公爹。可是,她接过担子才走了几步,就被脚下的石头绊倒,刹那间一担水全部洒在地上。由于天已黑,无法再去担水,儿媳妇淌着眼泪回到家里。看着包好的饺子没水下锅,婆婆没有责怪儿媳,赶紧到邻居家去借水煮饺子。没想到,当饺子端上桌,这个刚过门不久的儿媳妇却已悬梁自尽。"林州籍同学进一步解释道:"当年,刚来林县工作的杨贵书记到山区视察工作,因倒掉洗手水而被老乡责怪。当他听到老乡讲这个因担水引起命案的故事后,深感震撼,便走村串户,了解全县老百姓的生存状况。通过实际走访,得知林县落后的原因,主要就是缺水。没有水庄稼长不好,就打不下粮食;没有水就没办法讲卫生,生病的人自然多。在调研的基础上,林县县委发出'苦战五年,重新安排林县河山'的号召,启动了长达10年的引漳入林红旗渠工程……"

林县人"誓把河山重安排"的精神激起我对红旗渠的浓厚兴趣,恨不得当时就飞奔太行东麓,一睹世界第八大奇迹风采。后来,冷静下来仔细思考,决定先到源头看看。

红旗渠的源头位于太行山半腰、平顺县石城镇侯壁村和崔家庄村之间。望着滔滔不绝的浊漳河水左弯右拐、绕着群峰穿越、在峡谷中唱着跳着奔向红旗渠,我想到林州籍同学说的那组数据:20世纪60年代,河南林县总人口50万,有10万人义务(不计报酬)参加了红旗渠建设。整个工程历时10年,先后参加工程建设的劳动者达到30万,他们在太行山悬崖峭壁上,徒手削平了山头1250个,开凿隧洞211个,架设渡槽151座,砌土石达2225万立方米,修建各种建筑物12400多座,建成了全长1500公里的"人工天河"。想到这些,双耳似乎听到林县人民宣战的吼声:"劈开太行山,漳河穿山来,林县人民多壮志,誓把河山重安排!"

看到清凌凌的漳河水通过红旗渠流向林县,我想,林州人民一定会饮水

黄文秀 传承红色精神的青年楷模

思源，不能忘记山西人民团结友爱的兄弟情谊和无私奉献精神。红旗渠总干渠长70公里，有19.6公里在山西平顺境内。红旗渠修建之初，只是个县级工程，不是国家建设项目，而山西人民无私奉献提供水源，提供修建水渠的场所。开工之初，刚到平顺施工的林县民工没有住处，周围村庄的老百姓主动腾出自家的房子给他们住。红旗渠30%的总干渠工程是在平顺县人民帮助下完成的。

"兄弟同心，其利断金"，红旗渠的修建体现了中国人民在中国共产党带领下"自力更生、团结协作、无私奉献、艰苦奋斗"创造奇迹的能力。

敬佩，震撼，感动，用这六个字表达我站在红旗渠源头和参观后的感悟比较恰当。时任林县县委书记的杨贵，他传承了中华千年古训——"为官一任，造福一方"；他实践了党旗前的誓言——"对党忠诚，积极工作，为共产主义奋斗终身，随时准备为党和人民牺牲一切"；他带领10万林县人民，向太行山宣战，和民工同吃同住，是真正的人民公仆、党的好干部。没有红旗渠，人们只把《愚公移山》当作一则寓言故事；沿着红旗渠总干渠走，看到渠水穿山越岭哗哗地流，我从林州人身上看到了愚公的身影。由此想到，我们百色的大山也能按百色人民的需要，进行规划和安排。我希望趁上学期间，走出去，多看看，学习更多的社会知识，并把学到的知识，用在家乡的建设中。

此致

敬礼！

思想汇报人：黄文秀
2010年7月10日

只有凝聚共识，才能团结奋进。一个国家是这样，一个集体也是这样。人心是最大的政治，只有实现思想上的统一，才能实现政治上的团结和行动上的一致。因此，筑牢团结的共同思想基础，关键在于凝聚共识。习近平总书记指出："中国这么大，不同人会有不同诉求，对同一件事也会有不同看法，这很正常，要通过沟通协商凝聚共识。"任何事业都是齐心协力、团结奋进的结果，但前提是必须凝聚共识。凝聚共识包括"共识"和"凝聚"两个方面。什么是共识？从字义上来说，就是共同的认识，或一致的认识；当然，真正意义上的共识，是尊重差异、包容多样的和合状态。什么是"凝聚"呢？共识不是自然存在的，也不是自发产生的，它是通过具体的方式、手段和行动，通过一定的程序和机制达成的。林县人没水吃至少有500年的历史，找水源，解决吃水问题是全县人的共识，但数百年来，由于缺乏凝聚力，没有众志成城的态势，缺水的问题无法解决。1959年，林县遇到大旱之年，县委书记振臂高呼，共产党人带头，形成"誓把河山重安排"的共识，万众一心，加上近邻山西省的支持，才有了劈开太行山、引漳入林的红旗渠。在凝聚共识、团结奋进的旗帜指引下，林县人民创造了人间奇迹，实现了吃水的目标。

一个县是一个集体，一个学校、一个班级也是一个集体。每个学校有很多班，每个班都有自己的特点。黄文秀在长治学院上学时，曾先后担任思想政治教育专业08级1班的生活委员、班团支部组织委员及301宿舍舍长。4年来，她和其他团支委和班委干部一道带领全班同学凝聚共识、团结奋进、谋求发展，努力成长为德智体美劳全面发展的社会主义事业建设者和接班人。他们班的特点是：全班政治觉悟高，人人要求加入共产党组织。为此，同学之间比思想觉悟高、比学习态度和学习成绩好、比参加公益多，考研、做公益、参加社团、互相帮助，这是他们的共识，也是他们互相激励、奋力拼搏的力量源泉。他们班2012年考研录取率占总人数50%，有3位同学（黄文秀是其中一位）考进北京师范大学。特别是301宿舍的6位同学，在舍长黄文秀的带领下，相处得像亲姐妹，并且个个努力上进。毕业时，一位同学到中学任教，五位同学考上研究生。下面是几个同学对同窗往事的回忆。

安桂香说："2008年9月，我们进入长治学院思想政治教育专业学习，301宿舍是我们缘分开始的地方，4年的同室共处让我们结下了深厚的情谊。

文秀率真可爱，是挚友，也是诤友。在日常学习和生活中，宿舍姐妹们有什么缺点和不足，她总是真诚热心地指出，以促进大家的共同进步。那时我们总是时不时进行'卧谈会'，谈人生，谈理想，谈未来，谈生活的酸甜苦辣，在敞开心扉的聊天中，不知不觉大家的心也越来越近。"

张丕红说："翻开相册，时间的键盘停留在了在长治学院读书时的301宿舍，那时我们6个人几乎每天都一起上课，一起吃饭，一起逛街，一起去看学校附近的大好河山，至今我还保存有我们第一次去八路军太行纪念馆给秀拍的照片。文秀是我们6个人当中最具影响力的人物，有她在，我们宿舍总是笑声阵阵，她是我们宿舍的开心果。她不仅学习好，人缘好，还特别会玩，总会出其不意地给我们带来各种表演，现在我还保存着她给我们表演中国功夫的照片。文秀是我们宿舍当中最睿智的女孩，每当我有解决不了的难题时，总爱听她给我的建议。尽管同龄，但她经历多，懂得也多。她是一个个性很丰富的人，在大是大非面前特别理性，而遇到一些状况又很感性。那时我们经常会去做一些公益活动。"

高霞说："文秀很热爱旅行，她曾经说过，不管距离远近，只有走出去，才能看到世界有多大。我们一起去过各种公园，去过太行山大峡谷。她还一个人去过西安，给寝室的每个姐妹都带了一把木梳。文秀说，我们都是她的同学，不能厚此薄彼。"

王芳（考取中国政法大学硕士研究生）说："在我心中，文秀是一个优秀的同学、朋友和优秀的共产党员。文秀和我一样大，1989年出生的。2008年考入长治学院政法系思想政治教育专业，我俩一个班，隔壁宿舍。我们班里的同学来自全国各地，既有山东570分的学霸，也有福建家里有厂子的'土豪'。班里的氛围和风气都特别好。文秀虽然是为数不多的南方人，但是她很像吃苦耐劳的北方汉子。我们假期都不回家在长治打工。打工一般就是代课、促销之类的。当时读书郎有个营销策略，买读书郎送辅导课，我们就一起面试去代课，不怕苦不怕累。考研的时候，我们几个报的都是北京的高校，有了目标，大家便努力起来，每天一起在图书馆上自习，生活很简单也很忙碌，北师大、中央民族大学、中国政法大学，我们报北京的每个人都如愿上了研。"

人心齐，泰山移。在百坭村，黄文秀特别注重凝聚村"两委"的共识。她很清楚扶贫攻坚任务能不能完成，关键在于村干部对脱贫工作的认识和作为。一个领导班子有了凝聚力，就会迸发出极大的战斗力。因此，她进村后，从抓党建入手，先把干部和全村党员动员起来，凝聚成脱贫攻坚的核心力量。大家群策群力，白天下屯走访，晚上开会研讨，对脱贫项目、可持续发展的产业、挑选和培养致富带头人，整修道路的方案等都达成了共识。

培养致富带头人的目的，就是找个领头雁把村里搞同一产业的个体团结起来，技术上互相借鉴，以便提高质量；数量上扩大规模，提高产量。黄文秀心中理想的带头人，除了村里的技术能人外，着力点还在干部身上。她把村干部组成超强战斗队，村支书、主任、"两委"委员都成了致富带头人。在干部团队带领下，全体村民拼力奋斗，当年百坭村就有88户脱了贫。

二、热爱集体，与人为善

集体是一些有共同目标的人结合在一起的利益共同体。人类的群居行为，不只是得到生命安全的保障，更重要的是促进了知识的交流和文化的传承。一个人无论是学习、工作，还是生活、娱乐，都需要与其他人接触和合作，也就是说，人的生存和发展离不开社会和集体。我们每个人都属于某个集体，每个人生活在一定的集体中，个人与集体是相互依存的。集体哺育了我们，给予我们智慧和力量。有个"皮之不存，毛将焉附"的古代成语，告诉我们一个道理：集体和个体是一个共同体，集体的利益与个体的利益是息息相关的。集体的荣誉和成长，要依靠个体的成长来实现；个体的成长又要依靠集体这个平台。所以，集体与个体是一个兴衰与共、相辅相成的有机结合体，个人的一言一行都会影响到整个集体的利益和发展。在一个集体里，如果出现一件损失集体荣誉的事，可能导致整个集体的人受牵连、受损失；集体中的每个人，如果都有集体荣誉感，都能去维护集体利益，这个集体肯定是蒸蒸日上的，集体中的每个人也能从中获益。因此我们要热爱集体。

热爱集体，就需要有集体观念。集体是一个有秩序的团体，我们每个人都要遵守集体的秩序，这样集体中的每个人才能和睦相处。热爱集体，就要有集体主义思想。集体主义，主张个人从属于社会，个人利益应当无条件地服从集体、民族和国家利益，当个人利益和群体利益发生矛盾的时候要服从群体利益。集体主义是一种精神动力，它能激励人们追求真善美，鞭策人们力争上游、鼓励人们乐于奉献；它也是一种与人为善、团结和谐的社会关系，是互助友爱的社会基础。中国共产党的使命和最终目标是要建立人人平等、个个幸福的美好社会，为人民服务体现了"我为人人、人人为我"的与人为善、团结和谐的社会关系，是个人崇高道德情操的生动体现。

与人为善即友善，是一种对他人尊重、宽容、关爱和帮助的道德素养，是调节社会人际关系的重要规范。友善既是公民重要的道德规范，也是个人的高尚美德，在社会生活中发挥着不可替代的作用。在弘扬和践行社会主义核心价值观、大力推进精神文明建设的时代大潮中，雷锋热爱集体、乐于助人的美好品德就是熠熠生辉的火炬。雷锋的"一滴水"精神，形象地概括了团结友善的具体内涵。他热爱党、热爱祖国、热爱社会主义的崇高理想和坚定信念，服务人民、助人为乐的奉献精神，体现了一种"向善"的价值追求。在新时代，黄文秀传承和弘扬雷锋助人为乐的美好品德，甘做"一滴水"奔向志愿服务之海。在上学时，她为班级、学校着想，与同学和睦相处；在单位，她为单位着想，与同事、领导合作共事；到百坭村后，她为百坭村着想，拜群众为师，全心全意为群众服务。

集体主义意识的具备是形成完善人格的基本条件，也是班级增强凝聚力、向心力，形成坚强战斗集体的必备条件。学校是个大集体，班级是个小集体，宿舍是个更小的集体。黄文秀在长治学院读书时，热爱长治学院，热爱政法系，热爱思政08级1班，热爱4号公寓301宿舍。在黄文秀看来，一个人的成长和成功，都离不开集体。同学们为了使自己成长为合格的社会主义事业建设者和接班人这个共同的目标，走进了同一个学校、同一个班级、同一个宿舍，这都是缘分，应当珍惜缘分、团结友爱，应当热爱集体、与人为善。黄文秀在长治学院上学期间，热爱集体、与人为善，和同学们结下了深厚的友谊。下面是几个同学对她们友情的怀念。

同学高霞说："很长时间，我的家人都不会在我面前提起任何和秀（黄文秀）有关的事情，只要聊起来，我就会哭好久。对，我的家人认识秀。毕业之后，大家各自忙碌着，见面的机会少了很多，但彼此都牵挂着。2015年，我在四川读研，秀在北京读研，快放寒假的时候，秀和我说她今年不回家过年了，想要感受一下北方的年味，我邀请她来我家过年。本来说好她在除夕前到我家，我们一起跨年，可是后来她说她除夕前去不了了，要推迟几天才能去，虽然会觉得遗憾，但我想她应该有别的重要事情要忙，也没多问。她一向都是一个很有主见的姑娘，下定决心要做的事情一定要去完成。大年初五，她辗转从北京坐火车到太原，又坐汽车到了我家的小县城。我清楚地记得，她给我爸妈带的北京特产，给我的小侄女带的旺旺大礼包。秀是一个大方热情的姑娘，她的幽默让我家每天充满了欢声笑语。一直以来，我都特别羡慕她能和每个人都自来熟，成为朋友。在我家的那几天，我教她做山西面食，她在北方生活的几年时间，爱上了吃面食；她教我做寿司、韩式辣白菜，我好奇地问她什么时候学会做韩式料理的，才知道她去做公益志愿者，别的伙伴教她的，除夕是在北京陪伴独居的老教授过年。她就是这样一个善良的人，不张扬，只是默默地去做。秀因公殉职的消息在各种新闻媒体上报道的时候，我家里人看到新闻，都给我打电话证实，都希望这不是真的，在得知是事实时，无不感到惋惜难过。她还那么年轻，还有好多美好没去感受和体验。"

同宿舍最早工作的张丕红，看着黄文秀的照片说："大学毕业后，我们各奔东西，很难见面，但在我生完宝宝后，秀（黄文秀）还是挤出了时间来看我和宝宝。当时，她抱我宝宝的姿势是那么娴熟。"

秦栋艳是黄文秀的下铺舍友，和黄文秀的关系更近了一层，两人的友爱更多了一些。她说：

"大学4年，我们一起参加社团活动，一起表演新年晚会节目，一起备战考研，一起去孤儿院看望那些可怜的孩子。我们从陌生到熟悉，从羞涩的问候到无话不谈的好闺蜜，留在我心中永远不变的是秀炽热的爱心和爽朗的笑声。毕业那年，我们一起出去玩，路过一条小路，秀给我们拍了好多照片，我至今记得那条小路幽静美丽，弯弯曲曲地延伸着，仿佛没有尽头。……大学毕业后我们各奔东西，开始我们的研究生之路。大家各自忙碌着，见面的机会虽不多，可始终彼此联络着牵挂着，秀依旧是微信群里最活跃最有趣的。我们组织过几次短暂的聚会，秀来南京找我玩，我也去北京看望她。后来我们研究生毕业，再后来我们参加工作，时光如白驹过隙般流逝。

"2019年清明节假期，秀邀请我去百色玩，毕业回百色工作后她总是很忙，难得有假期，于是我订好机票，收拾好行李，开启了我的百色之旅，但我无论如何也没想到那竟是我和秀的最后一次见面。到达百色后，秀带我去吃好吃的，去好玩的地方玩，给我介绍了很多当地的风俗特色，我们一起拍了好多照片，一起聊天到深夜，她给我讲了很多百坭村的故事以及她对于百坭村脱贫致富的想法。临别的时候，我们相互拥抱，打趣说下次见面可能就是我们彼此的婚礼现场了。可我怎么也没想到，两个月后，我和宿舍的姐妹们再次来到百色，却是参加秀的葬礼。走进殡仪馆，看到秀的黑白照片被各种鲜花簇拥着的那一刻，是我后来很长时间都不敢再回忆的，一股巨大的悲痛瞬间浸透全身，我脑袋仿佛被炸开，眼泪喷涌而出，姐妹们也早已泣不成声，我试图寻找各种安慰自己的理由，终究是徒劳。她就是离开了，我再也听不到她的笑声，收不到她的消息，等不到她的婚礼了，太多美好的期待随着她的离去而变成遗憾。第三次来到百色已经是8月了，受秀姐姐和广西电视台的邀请，参加录制一个纪念秀的节目，心情原本已经平复了许多，可在节目中再次回忆起过往和秀的点点滴滴，依旧如鲠在喉。欣慰的是，通过这次节目录制，遇到很多曾经也关心过帮助过秀的人，听到了更多关于秀的故事，对于秀的离开，也多了几分释怀。

"亲爱的秀，很久没有收到你的信息了，好几次梦里你回来看我，都是微笑着的，你说你一切都好，让我别难过别担心。我时常想起我们曾经那么多美好的瞬间，并坚信终有一天我们会再次相遇。若有来生，我们还睡上下铺，我们还做无话不谈的闺蜜；若有来生，不想你再做英雄，只希望你可以穿着漂亮的鱼尾裙，与心爱的男孩子结婚生子，一辈子平淡却满足。

"秀，我很想你！"

三、"不能光为自己而活"

翻开黄文秀的《入党申请书》，有这样的表述："一个人要活得有意义，生存得有价值，就不能光为自己而活，要用自己的力量为他人、为国家、为民族、为社会作出贡献。"黄文秀从选择加入中国共产党开始，就立志践行全心全意为人民服务的根本宗旨，做一个有益于人民的人，认为"不能光为自己而活"。黄文秀在入党申请书中这么写，也一直这么做。在学校读书时，她心里装着别人，和同学们凝聚共识、团结奋进、热爱集体、与人为善，把温暖送给别人；在脱贫攻坚一线也同样这么干，肩上扛着责任、心里装着乡亲，她把根扎进泥土，把芳香带给千家万户。这份"不能光为自己而活"的庄严承诺，黄文秀始终践行，直至生命最后一刻。2019年6月，百坭村连降暴雨，6月16日，黄文秀利用周末回田阳老家看望做完手术不久的父亲，因惦记村里防汛抗洪工作，不顾家人劝阻，冒雨连夜返回，不料途中遭遇山洪，年轻的生命定格在30岁。黄文秀把"小我"融入"大我"，努力追求"无我"，把宝贵的生命献给了扶贫事业，用无私奉献的实际行动彰显了共产党人的博大情怀。

黄文秀，一个本应享受岁月静好的柔弱女子，义无反顾地选择了一条注定不轻松的路，她以赤诚火热的心对待工作，以灿烂的微笑面对生活，身上总是洋溢着青春活力，在扶贫一线为贫困群众奉献着自己的才智。爱美之心人皆有之，在参加扶贫工作之前，黄文秀平时也是把自己打扮得漂漂亮亮的，但投身于脱贫攻坚战这个光荣而艰巨的事业后，她就改换着装，把城市风格的衣服深深地"藏"了起来，穿上运动服，雄赳赳、气昂昂地奔向山区。为了早日完成脱贫攻坚的任务，年近30岁的黄文秀没有时间去关心自己的婚姻大事。领导和同事们都关心她，建议她适当地抽点时间考虑婚姻问题，也有热心人给她介绍对象，可战斗在脱贫一线的黄文秀却回答道："等百坭村的父老乡亲都脱贫了，我一定轰轰烈烈爱一回，让乡亲们做证婚人。"作为新时代普通党员干部的黄文秀，在实现中华民族伟大复兴中国梦的征途上，不忘初心，始终秉持全心全意为人民服务的宗旨，努力为群众谋求实实在在的幸福生活。她担任驻百坭村第一书记期间，凭借着一颗纯粹的心和脚踏实地的工作作风，如温柔的春雨一点一滴地润泽了村民的心，给百坭村这片贫穷的土地带来了希望。她真正做到了想群众之所想、急群众之所急，身上体现的正是心系群众、亲民爱民的公仆情怀。黄文秀一心扑在工作上，从不谈自己家里的情况，直到出事后大家才知道她家也是贫困户，父亲是癌症重病人。她家的地板是粗糙的水泥地，家里的"沙发"是用废旧轮胎搭上木板做成的，房间里摆着两张老旧的床，坐上去吱呀吱呀地响，最值钱的家具是一台老式的台式电视机；她是靠政府的帮助和爱心人士的资助才完成了学业，她上学时用过的课本、得过的奖状都装在一个破旧的行李箱里。

人究竟为谁而活？每个人的活法不同，有的人从始至终都只为自己打算，每天琢磨着如何实现个人的奢侈生活；有的人一生都乐于奉献，在帮助别人的人生路上奔波。"不能光为自己而活"，反映了黄文秀坚定不移的为人民服务意识，她把为人民服务当作生命中最重要的追求。习近平总书记指出："历史充分证明，江山就是人民，人民就是江山，人心向背关系党的生死存亡。"2021年5月13日，习近平总书记在河南考察时又强调，共产党打江山、守江山，守的是人民的心，为的是让人民过上好日子。我们党的百年奋斗史就是为人民谋幸福的历史。

人民群众是历史的主人，是创造历史的动力，是社会进步力量的源泉。人民群众是真正的英雄，人民群众中蕴藏着巨大的创造精神。中国共产党人是为人民的利益而奋斗的，无论从事什么工作，其出发点和归宿点都是为人民谋福祉。

黄文秀初到百坭村时，她还是一个刚刚接触农村工作的新手，为了贯彻落实习近平总书记一直强调的"坚持精准扶贫、精准脱贫，找到问题根源，增强脱贫措施的实效性"，全面掌握百坭村的致贫原因和现状，她坚持用土办法，对村内的贫困户开展遍访工作，认真查摆问题并听取民情民意。百坭村有195个建档立卡贫困户，他们分散居住在11个自然屯，这些屯子坐落在不同的山头。农户与初来乍到的黄文秀不熟悉，不配合她的走访工作。因此，要在最短时间内掌握全村贫困户的详细情况，极其困难。面对这种情况，黄文秀没有失去信心，她想到了长征，认为长征途中的战士连死都不怕、这点困难怎么能阻止自己继续前行。因此，黄文秀发扬长征精神，克服困难，决心在最短的时间摸清所有贫困户的底子。

百坭村交通不便、产业不强、脱贫任重而道远。黄文秀暗下决心："越是困难，越要敢于挑战自我。"她在脱贫攻坚的过程中，紧紧依靠人民群众,坚持问政于民、问需于民、问计于民,虚心拜人民群众为师,从人民群众那里学习经验,从人民群众的伟大实践中汲取智慧和力量。在与贫穷斗争中,黄文秀努力施展学识和才干,把建设家乡,作为为民服务的舞台。

"不能光为自己而活",反映了黄文秀坚定不移的公仆意识。这种公仆意识和公仆情怀源于黄文秀对共产主义的信仰,对中国特色社会主义的信念,对共产党宗旨的执着。"想群众之所想,急群众之所急",就是要求广大党员干部要听民声、观民意,了解群众疾苦,关心群众生活。在毛泽东主席看来,共产党员应该紧紧地和民众在一起,保卫人民,犹如保卫自己的眼睛一样,依靠人民,犹如依靠自己的父母兄弟姊妹一样。毋庸置疑,中国共产党之所以能够在革命、建设和改革时期不断获得老百姓的认可,最重要的原因就是中国共产党在任何时候都是站在广大人民群众的立场上,一心为民,从不考虑自身的得失。习近平总书记认为,打江山、守江山,守的是人民的心。他还强调,造福群众是永远的"进行时"。在这种精神鼓舞下,黄文秀有了"不能光为自己而活"的信念,给百坭村民蹚出了一条脱贫的路子,找到了符合百坭村实际的脱贫产业。

"一心为公、大公无私、毫不利己、专门利人"是我党全心全意为人民服务的体现,这十六个字可以概括为"无私奉献"。黄文秀认为,只有"用自己的力量为国家、为民族、为社会做出贡献",人生才"活得有意义,生存得有价值"。她立志做一个"毫不利己、专门利人"的人,做个为民服务的好公仆,将人民利益放在一切之首位,和群众心连心,急群众所急,想群众所想,解群众之难,消群众之惑。把"不能光为自己而活"作为自己的座右铭,时刻把群众的困难挂在心上,把全心全意为人民服务真正落实到了自己的全部生活和工作中。"不能光为自己而活"的质朴而生动的话语,道出了黄文秀人生的真谛,揭示了黄文秀无私奉献的大爱胸怀和助人为乐的高尚品格,表明她把自己的思想升华到了高度忘我的境界。

第六章
爱国爱乡的家国情怀

爱国，最基本的含义是爱护本族群祖先开辟的生存之地。进一步说，是人们爱惜、崇拜和愿意尽力捍卫本族群世代相传、生生不息的土地。爱国是人世间最深层、最持久的情感，是一个人立德之源、立功之本。爱国包括了人们对祖国大好河山、骨肉同胞、优秀传统文化、国家主权的爱护之情。爱国主义是指个人或者团体自发地为保护本族群生活和发展努力贡献力量的情感和行为。爱国主义是中华民族精神的核心，是中华民族团结奋斗、自强不息的精神纽带。在中国悠久的历史长河中，涌现出不计其数的志士仁人和英雄豪杰。为祖国的繁荣富强，他们忧国忧民、鞠躬尽瘁；为保卫祖国的大好山河，英勇抗敌、视死如归。中国的发展史，就是中国人民的一部爱国史，它从不同方面体现了中华民族的爱国主义精神。五四运动，孕育了以爱国、进步、民主、科学为主要内容的伟大五四精神，其核心是爱国主义精神。2019年4月30日，习近平总书记在纪念五四运动100周年大会上指出："历史深刻表明，爱国主义自古以来就流淌在中华民族血脉之中，去不掉，打不破，灭不了，是中国人民和中华民族维护民族独立和民族尊严的强大精神动力，只要高举爱国主义的伟大旗帜，中国人民和中华民族就能在改造中国、改造世界的拼搏中迸发出排山倒海的历史伟力！"

家是最小的国，国是千万家，舍小家、为大家是中华民族的传统美德。在新时代，黄文秀高举爱国主义伟大旗帜，认识到个人的前途命运与民族、国家的前途是息息相关、互相促进的，她根据国家的需要、人民的需要，把个人的"小我"与国家的"大我"统一起来，自觉将实现人生价值与社会价值紧密结合起来，矢志报党报国，在实现社会价值中更好地实现了人生价值。黄文秀具有爱国爱乡的家国情怀，她不忘家国养育之恩，饮水思源、爱国爱乡，勇于担当、奋发图强，立志实现"安得广厦千万间，大庇天下寒士俱欢颜"，坚定做一个"我就是要回来的人"。她自觉将个人的梦想融入民族和国家的梦想之中，诠释了共产党人"舍小为大"的爱国主义精神风范。

一、饮水思源，爱国爱乡

饮水思源，意思是喝水的时候想起水是从哪儿来的，比喻不忘本、知感恩。爱国爱乡是每个公民应该具有的情怀，无论生活贫与富、社会地位高与低、年龄老与幼，因为国破家何在、国存方有家。真正的爱国者一定是爱国如爱家的人，他们为国家无私奉献、不计名利，视同胞如手足，对同胞的危难鼎力相助；他们对国家的问题忧心如焚，把爱国之情融入日常的一言一行。爱国不仅是个人情愫，更是具有强大号召力和凝聚力的精神力量。民族危亡时，挺身而出、流血牺牲！国家艰难时，舍身忘我、无私无畏！国家发展时，携手共进、砥砺前行！

中国共产党是高举爱国主义旗帜并亲力亲为的光辉典范。1919年1月，英、美、法、日、意等国召开巴黎和会，会上列强决定由日本继承德国在中国山东的特权。消息传到国内，青年学生群情激愤，掀起了轰轰烈烈的五四爱国运动。五四运动的领导人陈独秀、李大钊是中国共产党的创始人；五四运动的学生代表：张国焘、瞿秋白、周恩来、张闻天、邓中夏、张太雷、高君宇、陈潭秋、于方舟、马骏等都成了中国共产党的早期领导人。五四爱国运动为中国共产党成立做了思想上的准备并锤炼了一大批有生力量。中国共产党从诞生之日起，就把为中国人民谋幸福、为中华民族谋复兴作为自己的初心使命。翻开历史画卷，中国共产党带领全国各族人民抗击外来侵略者、建设新中国、消灭贫困、实现现代化，跨越沧海桑田，为人民修筑通往幸福生活的康庄大道，这些都是爱国主义的伟大实践。

中国的知识分子大多有爱国情怀。中华人民共和国成立初期，一大批旅居国外的科学家和留学生放弃优渥的生活条件，回到一穷二白的祖国，为建设新中国而奋斗，钱学森就是这些优秀知识分子中的杰出代表。1935年9月，钱学森怀着"航空救国"的梦想赴美深造。在美国学习工作期间，始终心系祖国，密切关注国内局势变化，决心早日学成报效祖国。中华人民共和国成立后，钱学森怀着满腔热血，以大无畏的气概，冲破重重阻力，回国投身新中国的科学事业。1955年9月17日，《洛杉矶晨报》头版标题报道"火箭专家钱学森返回红色中国"。在码头上，面对媒体记者和赶来送行的朋友们，钱学森告诉他们："我将尽我所能帮助中国人民建设一个幸福而有尊严的国度。"钱学森饮水思源，学成归国，回到祖国的怀抱后，以国家为重、公而忘私，全身心地投身航天科技事业，开辟了中国"两弹一星"的历史新纪元。1985年初，美国政府打算授予钱学森"美国国家科学奖"，这个奖项是美国科学和工程领域的最高荣誉奖。美国总统科学顾问基沃思来向钱学森转达：如果钱学森前去美国接受这项荣誉，将由副总统亲自给他颁奖。钱学森当即拒绝道："这是美国佬耍滑头，我不会上当。当年我离开美国，是被驱逐出境的。按照美国法律规定，我是不能再去美国的。美国政府如果不公开给我平反，今生今世绝不再踏上美国国土。"钱学森还说："如果中国人民说我钱学森为国家、为民族做了点事，那就是最高的奖赏，我不稀罕那些外国荣誉头衔。"钱学森胸怀祖国、服务人民的爱国精神值得我们每一个人学习。

饮水思源，牢记使命。习近平总书记指出："革命老区是党和人民军队的根，我们不能忘记我们是从哪里走来的，永远都要从革命历史中汲取智慧和力量。"记得我们从哪里来，才能知道我们到哪里去。黄文秀作为新时代的年轻人，牢记习近平总书记的谆谆教诲，铭记为胜利作出巨大贡献和牺牲的革命老区人民，饮水思源，肩负实现民族复兴的伟大使命，研究生毕业后义无反顾地回到她的革命老区百色家乡工作，在为实现中华民族伟大复兴中国梦而努力奋斗的脱贫攻坚战场上，成为新时代"饮水思源、爱国爱乡"的青年典范。

黄文秀出生在广西壮族自治区百色市田阳县巴别乡德爱村多柳屯，这是一个景色美丽而物质贫乏的小山村。黄文秀出生时家境贫困，为了让孩子们过上富足的生活，父亲黄忠杰带着家人易地搬迁到田阳县城郊。打黄文秀记事开始，父亲就是一个勤快人，他种植甘蔗、芒果、木薯等作物，还养起猪、牛、马等家畜，一直勤勤恳恳地劳作。尽管母亲多病、家境清贫，但一家人和睦生活，乐趣盎然。父亲经常教导子女："人勤地不懒，幸福要靠双手干。"她时常把父亲的教诲记在心底。

黄文秀从小就是一个争气、懂事的孩子，那时候村里没有幼儿园，姐姐黄爱娟给她买了一本练习本，教她写字。她按姐姐的要求，拿铅笔一笔一画地写了起来，写出来的字和写字的姿势，都像模像样。

黄文秀生活条件艰苦，懂事较早，从小就非常关爱家人。上高中时，她的伙食费虽比其他同学少了几乎一半，但她付出的努力却比别人多出很多。黄文秀高中时期的班主任李品忠老师，每当说起黄文秀这个让他印象深刻的学生，总是连连感叹，语气中充满了钦佩和惋惜。他说："虽然学生带了一拨又一拨，可文秀的开朗、乐观、友善、勤奋给他留下了深刻的印象。文秀很会替别人着想，她作为学习委员，具有为全班同学服务的良好品德。"

高中时期的黄文秀品学兼优。2004年，爱心人士到学校开展资助活动，她获得了500元的爱心捐款，这在年轻的黄文秀心里埋下一颗感恩的种子。

黄文秀考入长治学院，就读于思想政治教育专业，她对专业课的学习，不只限于课本，经常走向社会考察调研。2011年7月1日，黄文秀第三次到武乡八路军太行纪念馆。这次，她以党员的身份参加主题党日活动。回校后写下《赓续共产党人的爱国主义精神》的感想，交给党组织。她在感想一文中写道：

敬爱的党组织：

每一次向历史回眸，都是一次精神洗礼。

我从武乡参观回校的路上，一直在想，2011年6月2日我加入了心驰神往的党组织，这天成了自己一生中最幸福的日子，而69年前的6月2日，共产党员黄君珏却在30岁生日这天壮烈牺牲了。

黄君珏1912年6月2日出生于湖南湘潭，1927年，年仅15岁的君珏在长沙参加了革命工作。大革命失败以后，白色恐怖严重，她只身来到上海，转入上海中学学习，继续从事革命工作，17岁考入复旦大学，次年加入中国共产党，成为复旦学生会委员，领导并参加了当时复旦学生的抗日救亡运动。大学毕业后，她到上海交通大学读研究生，参加共产国际远东情报局的秘密工作。1939年，黄君珏根据组织安排到太行抗日根据地新华社华北总分社工作。1942年6月2日，日军对太行山区庄子岭"扫荡"，黄君珏同志和王健、韩瑞隐蔽的山洞被敌人发现，凶残的日军在洞口点燃柴草，在生死关头，黄君珏抱定宁死不当俘虏的决心冲出洞外打光枪中的子弹，高喊"打倒日本帝国主义"，然后飞步来到崖边，纵身跳下。

黄君珏出生于一个官宦家族里，父亲是民国开国元老（时任国民党财政部机要秘书），几个舅舅也都在国民党高层身居要职。如此显赫优渥的家庭环境，并没影响她解救苦难的中国人民、投身共产主义革命的理想追求。她为掩护同志脱险，自己被捕入狱。抗日战争全面爆发后，在八路军驻武汉办事处的斡旋下，她才安然出狱。黄君珏获释后，拒绝了父亲把她送往国外的好意，与丈夫一起飞奔华北参加八路军抗日。

1942年5月底到6月，日军调集3万余人对八路军总部、中共中央北方局和新华日报社等抗日机关实行"铁壁合围"式"大扫荡"，企图摧毁八路军总部和新华日报华北分馆。华北新华日报社社长何云接到八路军总部通知后，率领全社人马向庄子岭一带转移。在枪炮轰鸣、硝烟弥漫中，报社和总部失去了联系。敌人的包围圈缩小后，何云决定将400多人的队伍化整为零，分散突围。

何云率领的小分队几次突围没有成功，与敌人周旋于庄子岭附近的崇山峻岭之间。5月28日黎明，敌人开始搜山，何云带领一小队人马向外突围，不幸被日军发现。危急关头，何云极为镇静地对身边同志说："不要把子弹打光，留下最后的两颗，一颗打我，一颗打你自己，我们不能当俘虏！"之后，与敌人激战中，何云身负重伤，倒在血泊中，终年37岁。

在这次大"扫荡"中，华北新华日报社损失严重，社长兼总编辑何云、政委朱三省、国际版编辑缪乙平、编辑黄中坚、乔秋远、总务科长韩秩吾、经理部主任黄君钰、医生韩瑞生、译电员王健等46位新闻烈士血荐轩辕，壮烈殉国，这是中国新闻史甚至是第二次世界大战新闻战线上最惨烈的一页。

黄君珏在她30岁生日的这天，虽然与出生仅三个月的儿子永别了，但彻底兑现了入党誓词："为共产主义奋斗终身，随时准备为党和人民牺牲一切，永不叛党。"

用生命守护入党誓词，体现了共产党人对革命的坚定信念和对党的无限忠诚。由黄君珏的壮举，想到她的领导和同事——华北新华日报社46位新闻工作者这个大义凛然的爱国英雄群体，崇敬之情油然而生。

巍峨的太行山，见证了无数共产党人英勇无畏的爱党爱国壮举。每次到八路军太行纪念馆参观，都是一堂形象、直观的党史学习教育课，一堂生动、深刻的思想洗礼课。

中华民族是一个不屈不挠、历经磨难而自强不息的民族，是一个崇尚爱国主义精神的民族，也是一个英雄辈出的民族。中华民族在悠久的历史长河中涌现出许许多多感天动地的爱国英雄，中国共产党人就是爱国英雄群体的杰出代表。共产党人的爱国精神植根于中华民族深厚的文化积淀，源自坚定的理想信念。在国破山河碎、战乱不堪的重要关头，中国共产党人勇担使命，不怕牺牲，与日寇浴血鏖战。他们的爱国英雄气概值得我们每一名共产党员大力传承和弘扬。

此致

敬礼！

思想汇报人：黄文秀
2011年7月2日

黄文秀读大四时，在宋渊渊老师组织的一次考试中，有一道题是关于华中农业大学硕士研究生徐本禹放弃学籍到乡村支教的事迹。黄文秀在阐述自己对此的认识时写道："我认为徐本禹的人生价值选择是正确的，他的奉献精神值得我学习。"显然，这是她对未来的思考和答案。这个答案是黄文秀内心的真实写照，她真正地把老师的教诲和红色文化的滋养变成了自己的实际行动，时刻把国家的需要放在首位，来实现自己的人生价值。

每个人读研究生都有自己的目的，黄文秀读研是入党介绍人程老师给她的建议。程老师告诉她："目前，少数民族地区经济、文化发展相对缓慢，急需高学历、高层次的人才投身到那里，带动少数民族地区经济、文化快速发展，实现弯道超车！与其等外面的高层次人才到你们百色服务，还真不如你们百色儿女自己修炼成高层次人才扎根家乡。"黄文秀怀着对家乡的深情厚爱，勇敢地承担起这份责任，采纳了程老师的建议，报考攻读北京师范大学硕士研究生。

黄文秀在北京师范大学读研期间，倾情关注家乡百色的基础教育，积极参加社会实践活动。2015年，黄文秀参加了首届"启功教师奖"评选调研活动，对贫困乡村的基础教育现状有了更进一步的了解和更加深刻的认识。黄文秀说："乡村的未来，在教育，更在人才。"2015年11月，黄文秀决定报考广西定向选调生，填写了《广西2016年定向北京师范大学选调应届毕业生报名表》。2016年毕业前夕，为回到家乡后有的放矢地尽快投入工作，黄文秀到广西调研，撰写她的硕士学位论文，题目是《广西壮族传统文化中的德育资源的开发——以<传扬歌>校本课程开发为例》。

研究生毕业后，黄文秀自觉把人生追求与全面建成小康社会进而实现社会主义强国的伟大事业紧密联系在一起，怀着对党对祖国饮水思源的感恩之心，放弃大城市的工作机会，毅然决然地回到家乡，在脱贫攻坚第一线倾情投入、奉献自我，用美好青春诠释了共产党人的初心使命，谱写了新时代的青春之歌。

二、勇于担当，奋发图强

南宋爱国诗人陆游《病起书怀》诗中的"位卑未敢忘忧国"是人们非常熟悉的一句，它的意思是：一个人的地位虽然很低微，但是也不敢忘记忧念国事，表达了作者的一腔报国豪情。陆游的一生，心心念念的，就是北伐中原、收复故国，这样的执念陪伴了他的一生。"天下兴亡，匹夫有责"这句话也是世人皆知的，它是在清军入关时期顾炎武提出的，当时在《日知录·正始》中的原句是"保天下者，匹夫之贱与有责焉耳矣"。在顾炎武提出这句话的两百年后，梁启超将其归纳为八字成语"天下兴亡，匹夫有责"，意为天下大事的兴盛、灭亡，每一个老百姓都有义不容辞的责任。

"位卑未敢忘忧国""天下兴亡，匹夫有责"，一百多年前，在中华民族危急关头，中国有志青年挺身而出，奔走呼号，探索救国救民之道。毛泽东是这一时代青年的楷模，他自觉地将个人前途与国家命运相结合，把个人发展与民族振兴相联系，勇担时代重任。1919年，26岁的毛泽东在《湘江评论》创刊词中高呼："天下者我们的天下，国家者我们的国家，社会者我们的社会，我们不说，谁说？我们不干，谁干？"

"位卑未敢忘忧国""天下兴亡，匹夫有责"，当日寇侵犯中国之际，四万万中华同胞，同仇敌忾，拧成一股绳，共赴国难，不怕牺牲，不怕苦累，举全国之力，终将小日本赶出国门，实现了民族独立。当时，有钱的出钱，有力的出力，整个民族像一块磐石，坚不可摧，势不可挡，令侵略者胆寒。例如，被誉为"子弟兵母亲"的戎冠秀，河北省平山县观音堂盘松村的一个普通小脚女人，她每天为抗日工作奔走，宣传抗日、照顾伤员、送子参军、筹集粮草、纺线织布，样样不落，成了全国的支前模范。在太行革命根据地，几乎是家家有人当八路，儿童也争着干些送信、放哨、发传单的抗日工作。广大人民群众的爱国情怀和为国分忧的担当精神,通过他们对共产党的拥护、对人民军队的热爱,表现得淋漓尽致。

勇于担当、奋发图强是中国共产党的鲜明政治品格,是我们党不断从胜利走向胜利的重要法宝。中共党史就是一部中国共产党人勇于担当、奋发图强的光辉历史。从小小红船到巍巍巨轮,一代又一代中国共产党人前赴后继、接续奋斗,用实际行动生动诠释了担当作为的丰富内涵,铸起了一座座不朽丰碑,谱写了气吞山河的壮丽史诗。

勇于担当、奋发图强是好干部的重要标准,是对党员干部的内在要求。习近平总书记指出:"温室里长不出参天大树,懈怠者干不成宏图伟业。广大党员、干部要在经风雨、见世面中长才干、壮筋骨,练就担当作为的硬脊梁、铁肩膀、真本事,敢字为先、干字当头,勇于担当、善于作为,在有效应对重大挑战、抵御重大风险、克服重大阻力、解决重大矛盾中冲锋在前、建功立业。"

勇于担当、奋发图强是中国共产党人的优良传统,也是党员干部需要具备的政治品行和为政之德。一代人有一代人的使命,一代人有一代人的担当。广西是全国脱贫攻坚的主战场之一,脱贫攻坚是最紧迫的政治任务,也是最大的民生工程。在脱贫攻坚最吃劲的时候,黄文秀两次主动请战,要求到基层一线去,2017年9月至2018年3月,挂任百色市田阳县那满镇党委副书记;2018年3月起担任百色市乐业县新化镇百坭村党支部第一书记。

勇于担当、奋发图强是黄文秀最突出的作风形象。黄文秀说:"百色是脱贫的主战场,我有什么理由不来呢?我们党是切实为群众谋发展谋幸福的党,我是一名共产党员,这就是我的使命。"工作就意味着责任,责任就需要担当。为了脱贫攻坚事业,黄文秀舍小家、顾大家,尽管父母长期患病,家境困难,却从未向组织提过任何要求,甚至连自己的终身大事也顾不上。正是靠着这样一股精气神,黄文秀带领全村村民脱贫攻坚,以实际行动诠释了共产党人的初心和使命，以扎实业绩展现了一名新时代好干部的担当作为。

勇于担当、爱岗敬业、奋勇当先是黄文秀对自己的工作追求。2018年4月，百色市举办了为期3天的2018年度贫困村党组织第一书记暨"美丽广西"乡村建设（扶贫）工作分队队长专题培训班，就扶贫工作中的党建、就业、产业发展、易地搬迁、发展农村集体经济等方面的问题进行了培训。黄文秀参加培训后，深感责任重大、使命在肩，必须勇于担当、奋勇拼搏。当时，她在接受地方电视台录制的节目里说："百色作为脱贫攻坚的一个主战场，将百色革命先烈们奋勇前进、不断拼搏的精神传承下去，作为青年一代我们责无旁贷，同时作为驻村第一书记，我有信心在党中央的正确领导之下不获全胜、决不收兵。"广西每年有五千多名第一书记扎根贫困村屯扶贫，他们积极作为、甘于奉献、服务贫困群众，出色完成了各项脱贫攻坚任务，被贫困村屯群众誉为"党派来的好干部"和"群众脱贫致富的好帮手"。2018年5月25日，在南宁举行的广西脱贫攻坚先进事迹主题报告会上，从全自治区脱贫攻坚中涌现出来的先进集体和先进个人代表，从不同角度讲述他们的脱贫攻坚故事，激励广大干部群众万众一心、锐意进取，坚决打赢脱贫攻坚战。通过观看报告会，黄文秀更加坚定了脱贫攻坚"不获全胜、决不收兵"的决心。她在2018年7月2日的日记中写道："今天市委组织部的杨副部长到新华督查驻村情况，要求非常严格。未完成的任务真的特别重，必须全部动起来。"

勇于担当、勤于思考、亲力亲为是黄文秀的工作常态。矛盾问题面前，最能考验党员干部的担当精神。勇于担当，就是遇到矛盾不怕事，碰到问题不回避，敢于直面矛盾，敢于跳进矛盾漩涡中去解决问题。如果在工作中遇到矛盾和问题无动于衷、退避三舍，那不配做共产党的干部。实践证明，党的事业就是在攻坚克难过程中不断向前推进的，黄文秀也是在解决复杂矛盾中逐渐成长起来的。例如，黄文秀在那满镇挂任党委副书记期间，计生工作是她分管工作中的一项,这项工作对于老同志来讲都难以开展,而对她这样一个未婚女青年来说,难度更大。有人告诉她,这项工作完全可以交给镇计生办工作人员去做,自己过问过问,谁也不能说什么。但是,黄文秀为了把这项工作做好,同其他工作一样亲力亲为、勇于面对,从优生优育的角度关心关爱孕妇。她安排在全镇范围内开展免费孕前优生检查,对于去医院不方便的孕妇,她亲自开私家车接来送去。就这样,黄文秀带领镇计生办的同志,按照那满镇的实际情况逐一解决问题。很快,那满镇的计生工作取得明显成效,得到了当地群众的称赞。

2018年3月,黄文秀到百色最偏远的乐业县新化镇百坭村担任第一书记之初,百坭村交通不便、产业不强、脱贫任务重。初来乍到,乡亲们对这位年轻的女干部并不信任,都说她是来村里"镀镀金"的。可是,黄文秀干起工作来表现得却非常有担当、有魄力,而且责任心特别强。为了取得乡亲们的信任,黄文秀直接住到村里,翻山越岭,进屯入户,访贫问苦,手绘"民情地图",学说方言,帮着大伙儿扫院子、干农活。渐渐地,大家从心底里接受了她,一心跟她搞发展。

黄文秀这位扶贫路上的"女战士",曾在很多场合说:"扶贫之路就像一条长征路,无论这条路多么艰难,我都要坚定地走下去。"一年多的时间里,她已从扶贫新手成长为群众最信赖的扶贫高手。经过一年多的脱贫攻坚,黄文秀以实际行动回应了村里群众的关切和期待,在扶贫一线书写了党员的责任担当。如今的百坭村,旧貌换新颜,产业兴旺了、道路平坦了、用水清洁了、晚上也亮堂了……

黄文秀刚到百坭村的时候,给人们的印象是人如其名,文静秀气,肩膀不宽厚,个头也不高,可她却担负起了沉甸甸的道义和责任。是什么力量让她肩上扛起了这份脱贫攻坚的重任并赢得了父老乡亲的尊敬、赢得了党和人民的认可?无疑,是她那份对党、对祖国、对人民和家乡的热爱、责任和担当,是她那份具有强烈的家国情怀和服务国家、造福人民的思想。

黄文秀坚守初心、心存大爱、勇于担当、奋发图强,在为实现中华民族伟大复兴的奋斗中,把青春浇筑在脱贫攻坚路上,绽放出永世芳华。

三、"我就是要回来的人"

黄文秀到北京上学后,视野越来越开阔,心胸越来越宽广,同时也越来越感到自己肩上的责任重大。她曾说:"我愈发感觉到自己肩上有一种责任,那就是学成后建设家乡、报效祖国。"黄文秀研究生毕业后,回家乡的心情很迫切,念念不忘,她和研究生舍友畅谈未来打算时曾多次说道:"家乡穷,我接受了教育资助,希望学习更多的本领,更好地建设家乡。"

2016年初,黄文秀面临硕士研究生毕业,再次走到了人生的十字路口。几份不错的工作同时摆在她面前,多数亲友劝她在北京找一份稳定工作,过上较安逸的城市生活。黄文秀的大学同班几个在北京读研的同学,毕业前分别在北京和天津联系好工作。当时,黄文秀的毕业去向自然引起了众人的关注。老师们认为:"黄文秀学业优秀,为人豁达、乐观、阳光,留在大城市,前途无量!"同学们也在说:"文秀胸怀大志,志在远方,她会不断地去寻找她的诗和远方。"在黄文秀的乡亲们看来:"文秀读了这么多书,吃了这么多苦,好不容易走出大山,毕业了应该不会再回到穷山区工作。"但是,黄文秀归心如初,面对人们对她毕业去向的议论,坚定地说:"毕业了,我哪都不去,我选择回家乡百色。"正所谓不遇盘根错节无以显利器,在人生的关键时刻,彰显了黄文秀这个共产党人的无私奉献精神和爱国爱乡的家国情怀,她决心听从党的召唤,到祖国最需要的地方,回到家乡建设家乡。黄文秀的决定同样再次得到了父亲的支持,父亲黄忠杰对女儿说:"你入了党,就要为党工作。要回到家乡来,做一名干干净净的人民公仆。"

郝海燕是黄文秀的硕士生导师,认为黄文秀当时可以有很多选择。郝海燕老师说："以她的能力，留京或出国都没问题。"但是，黄文秀志不在此，她曾对自己的老师说："我是从贫困大山里走出来的孩子，得到过党和政府的资助、培养，希望将来能为祖国和家乡贡献自己的一份力量。"在一次次的选择中，黄文秀始终遵从自己的内心、自己的初心——回归家乡，建设家乡。黄文秀的人生方向明确而笃定，想要当那个"走出去"并"回来"的人。研究生毕业前，黄文秀回到广西调研，撰写硕士学位论文，并决定报考广西定向选调生。她说："我来自广西贫困山区，我要回去，把希望带给更多父老乡亲，为改变家乡贫穷落后的面貌尽绵薄之力。"

很多人从农村出去后就不想再回去，而黄文秀却是逆行者。

据黄文秀的姐姐黄爱娟回忆说："文秀从一开始就说以后她还是要回广西，并且义无反顾，这需要很大的勇气。她从小生长在一个经济条件不是很好的家庭里，学习、生活一直得到党和政府的资助、关心，所以她想回来，到基层工作，让更多的父老乡亲能够摆脱贫穷，使更多的孩子能够走出去，到更好的地方接受教育。她有个志愿，就是要回报家乡，回报社会，回报更多关心她和爱她的人。"

炎炎夏日，在从北京开往广西的列车上，黄文秀的心绪早已飞回到了百色家乡，她一边透过窗户望着飞驰而过的景色，默默地说："再见了，老师！再见了，同学们！再见了，北京！"一边想着故乡的风和故乡的云。一想到自己马上就回到了家乡百色，黄文秀的心情更加激流汹涌，她默默地念道："我亲爱的家乡，亲爱的父老乡亲、兄弟姐妹，你们的文秀回来了！"

当黄文秀这次踏上这片熟悉的家乡土地时，她的眼睛湿润了。黄文秀突然间想起她19岁第一次离开家乡，到山西长治学院上学，大学本科毕业后又在北京师范大学攻读硕士研究生，多年在外读书，为了节省费用，很少回家，而现在的她终于可以兑现"我就是要回来的人"的诺言，回到了自己日夜想念的故乡。从此，黄文秀将要在她深爱的家乡为父老乡亲摆脱贫困谱写最壮丽的诗篇。

奋战在脱贫攻坚战场上的黄文秀,愈来愈感到选择做"我就是要回来的人"是多么的正确。从黄文秀与曾资助过她上学的"全国扶贫状元"陈开枝的一段交往中就可以得出这一结论。

1996年,担任广州市委常委、常务副市长的陈开枝,根据党中央、国务院的东西部帮扶战略,投身到广西百色开展扶贫工作。1998年被评为"全国扶贫状元",2004年又被国务院授予"全国东西扶贫协作先进个人"光荣称号。2000年2月,在时任广州市政协主席陈开枝的积极牵线搭桥下,全国政协委员、香港祈福国际投资公司董事长彭磷基先生捐赠2000多万元巨资援建了由百色市委、市政府创办的百色市直重点高中、广西示范性普通高中——百色祈福高中。黄文秀在教育扶贫基金资助下,在祈福高中复读过一年。

2017年12月,时任广东省老区建设促进会会长的陈开枝,第101次到广西百色扶贫。这一次,陈开枝行程的第一站是那满镇新立村广新家园生态移民新村。当时,负责接待陈开枝的黄文秀,心情异常激动地向陈开枝介绍那满。她讲道:"那满镇是习近平总书记当年到过的地方,由广州市对口帮扶,在(那满镇)新立村建起了全新的移民家园,移民家园居住的148户500多人都是从山上搬迁下来的。当地人特地给这个移民新村起名为广新家园,以铭记广州的帮扶之恩。广州市先后投入500万元帮扶资金,帮助村里通路、通水、通电,还建设有文化室、篮球场。农户通过种植火龙果、香蕉等水果和外出务工,人均年收入从2000多元增加到1万多元,村民们在新的家园里安居乐业。"黄文秀最后总结道:"这些,都归功于我们的大恩人——陈开枝先生啊!"

随后,黄文秀发自内心地对陈开枝会长说出了藏在她心里多年的话:"我一直记得您。没有您就没有我的今天!"

陈开枝会长看到自己帮扶过的学生已经成长为栋梁,并且返回家乡工作，对黄文秀非常赏识，勉励她好好工作。当黄文秀虚心向这位德高望重的"扶贫状元"请教扶贫经验时，陈开枝提到五个方面，即认识要高、感情要深、路子要对、措施要硬、作风要实。这五个方面是陈开枝几十年来扶贫经验的总结，黄文秀听了很受启发，这对她来说是莫大的收获。陈开枝说他退休后坚持扶贫是因为共产党员要永远不忘初心，做人要懂得感恩、报恩。陈开枝说他很喜欢艾青的《我爱这土地》这首诗，最后两句最能代表他的深情："为什么我的眼里常含泪水，因为我对这土地爱得深沉。"黄文秀被陈开枝这位长者的精神所鼓舞，更加感到自己回百色报效家乡的选择是对的。她决心在实践中提高自己，多做贡献，争取像陈开枝会长一样也做个"扶贫状元"。

黄文秀到百坭村任驻村第一书记后，乡亲们对她从大山中走出去又回来的选择很不理解。有人问她："听大家说你也是大学毕业生，还是从北京回来的研究生，怎么会想到这么偏远的农村工作呢？"黄文秀回答说："咱们百色与全国其他地区相比，是个贫困地区，是全国脱贫攻坚主战场之一，作为家乡一分子，面对这样的情况，怎么还有理由不回来呢？"百坭村的脱贫户黄态昇，对黄文秀这位年轻的驻村第一书记印象深刻。他回忆说："我们村属于深度贫困村，当时条件比较艰苦，她一来就直接在村里住下了，说'我就是来驻村的，不怕苦'。"

《感动中国》"2019年度人物"给黄文秀的颁奖词是："有些人从山里走了，就不再回来，你从城里回来，却再没有离开。"

从农村走出来、不想再回去的人很多，不能说这些人的选择有错，但脱贫攻坚、乡村振兴需要黄文秀这样的逆行者。对黄文秀的选择，很多人都会觉得她傻，觉得她天真。自己家还是贫困户，住的房子顶多算是个遮风避雨的地方，却要放弃高薪去扶贫，未免有点本末倒置。可作为寒门子弟，黄文秀太了解贫困地区人民群众生活的艰辛。广西选调生宣讲团给她看广西贫困地区儿童生活照片,她的心都在滴血。

在黄文秀看来,行程万里,不能忘记来时路;饮水思源,不能忘记家乡的哺育之情;忠诚于党,不能忘记入党时的承诺:"是党让我家变好,我要入党,回报于党;是家乡养育了我,我就应该学成归来,回报家乡;是祖国培养了我,我就到祖国最急需的地方,做最急难险重的工作,回报祖国。"留在大城市找个体面的工作固然可能有很好的发展,会过上舒适的生活,可那毕竟只是实现个人的美好生活,有违自己的初心,与其等到头发斑白的时候,心中还有一丝愧疚,还不如趁青春年华回到家乡,"俯首甘为孺子牛"。在家乡物质上的生活品质或许不如大城市,可精神层面上可以实现为理想奋斗的升华。

第七章
无私奉献的大爱胸怀

第七章　无私奉献的大爱胸怀

中华民族是一个崇尚奉献精神的民族。在中华文明发展史上，克己奉公、舍己为人、鞠躬尽瘁，这些高尚品质，一直为世人所推崇。女娲面对天崩地裂、滔滔洪水，冒着生命危险，率部奋力拯救人类，为灾民撑起一片天，被后人尊为中华民族的人文始祖，连太行山都被称为"女娲山""王母山"；神农氏因尝百草治病救人、种五谷改善人类生存方式、发明农具等功绩被后世尊为中国农业之神；大禹因治水三过家门而不入被世代传颂；北宋名将杨业满门忠烈，子承父业、恪尽职守、前仆后继、坚守边关、喋血沙场，《杨家将》从宋朝至今一千多年来一直是戏剧舞台上的宠儿，长唱不衰……中华历史上的无私奉献者及他们的故事不胜枚举。正是一代又一代中华儿女的无私奉献撑起了中华民族的脊梁。

无私奉献是中国共产党人的光荣使命，《党章》明确规定："党除了工人阶级和最广大人民群众的利益，没有自己特殊的利益。"每个中国共产党党员都应该具备为党、为祖国、为人民的事业不计报酬、不讲回报、不求名利的政治品质。把党、祖国和人民的利益放在首位，这既是共产党的宗旨决定的，也是共产党人无私奉献大爱胸怀的体现。毛泽东主席指出："应该使每个同志明了，共产党人的一切言论行动，必须以合乎最广大人民群众的最大利益，为最广大人民群众所拥护为最高标准。"无私奉献的大爱胸怀，彰显着人民利益至上的初心和本色，以及无私忘我的情怀和境界。中国共产党从诞生之日起，就把无私奉献鲜明地写在了自己的旗帜上，可以说，中国共产党的历史就是一部无私奉献的历史。无私奉献，是共产党人永恒的话题，常讲常新。我们党的执政地位能否长期巩固，归根到底取决于党能否始终坚持无私奉献的核心价值追求，能否始终保持党同人民群众的血肉联系。

在新时代，黄文秀传承了中国共产党人的无私奉献精神，坚守为中国人民谋幸福的初心，牢记为中华民族谋复兴的使命，心系群众、甘于奉献，全心全意为人民服务，在她短暂的人生中体现出无私奉献的大爱胸怀。

一、坚守初心，牢记使命

初心和使命是人们在追求人生目标过程中相互依存、互相作用、实现人生价值的理想信念和责任担当。初心指一个人心中最初追求某种事业或目标的动机或心愿，是内心最渴望达到的目标；使命则指一个人为实现个人所追求目标而需要承担的责任和应当做出的贡献。每个人都有自己的初心和使命，在中国共产党这个组织中，有着共同的初心和使命。习近平总书记指出："中国共产党人的初心和使命，就是为中国人民谋幸福，为中华民族谋复兴。这个初心和使命是激励中国共产党人不断前进的根本动力。全党同志一定要永远与人民同呼吸、共命运、心连心，永远把人民对美好生活的向往作为奋斗目标，以永不懈怠的精神状态和一往无前的奋斗姿态，继续朝着实现中华民族伟大复兴的宏伟目标奋勇前进。"

初心是梦想启航的地方，中国共产党从成立之日起，就把实现共产主义作为最高理想和最终目标，把中华民族伟大复兴当作历史使命。中国共产党是在中华民族遭受山河破碎、生灵涂炭的危急关头成立的。1921年7月，在中国共产党第一次全国代表大会上，确定了党的名称为"中国共产党"及其奋斗目标，通过了中国共产党的第一个纲领，在这个纲领中明确提出："推翻资本家阶级的政权，直到社会的阶级区分消除为止""承认无产阶级专政，直到阶级斗争结束""消灭资本家私有制""联合第三国际"以及"把工农劳动者和士兵组织起来"。中国共产党作为中国工人阶级的政党，从一开始就不仅代表着工人阶级的利益，而且代表着整个中国人民和中华民族的利益。显而易见，中国共产党从一开始就把为中国人民谋幸福、为中华民族谋复兴作为初心和使命，这也是一百多年来中国共产党不懈奋斗的动力。

使命是负重前行、追求成功必须履行和承担的责任，使中国人民过上幸福生活是中国共产党百年奋斗的价值追求。中国共产党的百年奋斗史是一部

第七章　无私奉献的大爱胸怀

为人民谋幸福的历史，是一部中国人民站起来、富起来、强起来的奋斗史。一百多年来，我们党所付出的一切努力、进行的一切斗争、作出的一切牺牲，都是为了中国人民过上幸福生活、中华民族实现伟大复兴。正是由于坚守这样的初心和使命，党才能够在濒临绝境的情形中突出重围、绝处逢生，才能够在极端困难的状况下毅然奋起、发展壮大，也才能够团结带领广大人民群众取得举世瞩目的成就。

战争年代，为了把侵略者赶出国门，让全国人民有一个安定和平的生存环境，无数的中国共产党人不惜抛头颅、洒热血，为"山河无恙、家国安宁"一路拼杀，靠的就是坚守着"为中国人民谋幸福、为中华民族谋复兴"的初心和使命，为的就是这样一个理想和信仰。夏明翰为了这样的初心和使命，他在生命的最后时刻，写下气壮山河的就义诗："砍头不要紧，只要主义真。杀了夏明翰，还有后来人！"方志敏为了这样的初心和使命，他在狱中写下了《死——共产主义的殉道者的记述》，文中说："敌人只能砍下我们的头颅，决不能动摇我们的信仰！因为我们信仰的主义，乃是宇宙的真理！为着共产主义牺牲，为着苏维埃流血，那是我们十分情愿的啊！"1940年1月15日，毛泽东主席出席中共中央为吴玉章六十诞辰举行的祝贺大会，并致祝词说："一个人做点好事并不难，难的是一辈子做好事，不做坏事，一贯地有益于广大群众，一贯地有益于青年，一贯地有益于革命，艰苦奋斗几十年如一日，这才是最难最难的啊！我们的吴玉章老同志就是这样一个几十年如一日的人。他今年六十岁了，他从同盟会到今天，干了四十年革命，中间颠沛流离，艰苦备尝，始终不变，这是很不容易的啊。"

在不同的历史时期，为中国人民谋幸福和为中华民族谋复兴的初心和使命的具体内容是不完全相同的。中华人民共和国成立后，百废待兴，为了让老百姓过上和谐美满的幸福生活，中国共产党带领全国人民不畏艰难、百折不挠、开拓创新，"敢教日月换新天""敢把山河重安排"，把中华民族伟大复兴当作党的历史使命,竭尽全力投入社会主义现代化建设上。在社会主义现代化建设的征途中,英雄、模范层出不穷,王进喜、焦裕禄、邓稼先、孙家栋……

正是有一个个共产党人坚守初心、牢记使命,前仆后继、艰苦奋斗,中国才有了今天的辉煌成就。当然,面对纷繁复杂的世界,难免会有一些人被诱惑所吸引,动摇内心的初心和使命。习近平总书记在庆祝中国共产党成立一百周年大会上的讲话中强调,"初心易得,始终难守",这是对党百年发展历程的重要经验总结。在中国共产党的成长过程中,有些党员,经不起残酷斗争和外部势力的诱惑,放弃初心,背弃人民的利益,被人民所唾弃。古人云"靡不有初,鲜克有终""不忘初心,方得始终"。如何守住最低防线,坚守内心的那一片净土,这是每一位党员同志认真思考的问题,也是必须做好的功课。

初心和使命是一个人黑暗中的灯塔、迷雾中的指南针,是战胜困难的精神支柱。在奋斗的征途,坚守初心就不会迷失方向,担当使命就无惧风险挑战。作为共产党员、领导干部,任何时候都要坚守初心、不辱使命;做事之前,要清楚自己在做什么,是不是符合人民的利益。凡是对人民群众有利的事,就要坚守初心、坚定信念、牢记使命、锲而不舍、勇往直前地去奋斗。

初心和使命,涉及中国共产党执政的根本性问题。习近平总书记指出:"我们党来自于人民,党的根基和血脉在人民。"因此,共产党人不管走得多远,都必须坚守初心、牢记使命,不能忘记来时路。

黄文秀作为优秀共产党员,就是始终"不忘初心、牢记使命"的典范。她的生命虽然短暂,但是她的思想行为一贯地有益于人民,一贯地有益于祖国,一贯地有益于党的事业。在每一次人生"十字路口",她都坚定不移地选择人民利益为先。高考选择思想政治教育专业考虑的是学成回到家乡投身教育,加强学生政治思想教育,帮助更多学子树立为人民服务的世界观;高考选择长治学院，为的是到太行革命老区寻访红色足迹，从红色文化中汲取精神营养、传承红色基因；大学学习期间，积极申请加入党组织，为的是在党组织的领导下，为实现共产主义事业奋斗终身；考研究生，是在党组织指导下，到北京拓宽视野，把自己打造成高层次人才，以便扎根家乡，更好地服务家乡；研究生毕业后，坚守初心，义无反顾地回到家乡，投入脱贫攻坚战场，为人民鞠躬尽瘁。

今天，面对外部环境的不确定性，面对各种风险挑战，越是要求青年共产党人将初心融进灵魂、把使命扛在肩上。习近平总书记指出："守初心，就是要牢记全心全意为人民服务的根本宗旨，以坚定的理想信念坚守初心，牢记人民对美好生活的向往就是我们的奋斗目标；以真挚的人民情怀滋养初心，时刻不忘我们党来自人民、根植人民，人民群众的支持和拥护是我们胜利前进的不竭力量源泉；以牢固的公仆意识践行初心，永远铭记人民是共产党人的衣食父母，共产党人是人民的勤务员，永远不能脱离群众、轻视群众、漠视群众疾苦。"黄文秀从家乡百色考到长治学院读本科，又从长治学院考到北京师范大学读硕士研究生。一路走来，她知识越来越丰富、视野越来越开阔、胸怀越来越宽广，但同时她越来越感到自己的责任重大而艰巨。黄文秀曾多次说过这样一句话："我愈发觉到自己肩上有一种责任，那就是学成后建设家乡、报效祖国。"

向前走，不能忘记走过的路；走得再远，不能忘记为什么出发。正是由于黄文秀有学成后建设家乡、报效祖国的初心，才促使她硕士研究生毕业后义无反顾地选择回到家乡百色。每当同学们谈及未来的工作时，黄文秀总是坚持说："家乡穷，我接受了教育资助，要学习更多的本领，更好地建设家乡。"黄文秀北京师范大学硕士研究生毕业后，完全有条件留在北京或者选择到其他一些大城市拥有一份稳定的且让人羡慕的工作，过上较为舒适的城市生活。但是，黄文秀还是决定回到她的家乡百色，回到父母和乡亲身边。

在她看来，国家培养一个在大城市工作的青年才俊不难，但培养一个从大城市再回到农村扶贫攻坚的知识分子不易；北京这些大城市不缺少一个像她这样的城市白领，而百色却一定缺少一个像她这样拥有985高校硕士研究生学历的共产党员。

黄文秀的人生目标明确而笃定，立志要当那个"走出去"并要"回来"的人。她在每次选择中，都坚守初心，回归家乡，建设家乡。并多次对身边同学说："基层很需要人才，广西百色是全国脱贫攻坚主战场之一，是我自己的家乡，面对如此情况，我得回去。"心中有多少真情，脚下就有多少力量。人民情怀是广大党员干部干事创业最朴实、最持久的动力源泉，基层党员干部只有对人民有真感情才能把实事办到群众心坎里，才能扎根基层、甘于奉献，才能不负人民、不负韶华，才能真正做到将个人的"小我"融入国家和人民的"大我"之中去。要具备同人民群众同甘共苦的信念，才能在紧要关头、急难险重的时刻冲得上去，才能答好新时代的新答卷。黄文秀北京师范大学硕士研究生毕业后，怀着扎根基层、建设家乡的初心，出于对家乡、对人民的热爱，毅然决然放弃在大城市的工作机会，加入广西选调生队伍，回到了家乡百色工作，回到了大山中，汽车仪表盘增加的2.5万千米里程数记载着她为民服务的长征路，记载着她对基层工作的热爱和对初心使命的坚守。

二、心系群众，甘于奉献

心系群众，就是在思想上树立群众第一的观念，在工作中落实到为群众造福，广大群众想什么，我们就做什么；把人民群众的呼声和需求作为干事创业的第一信号，把人民群众满意作为我们工作的目标，把事情办到人民群众的心坎上。因此，加强与群众沟通联系，深入实际，时刻倾听群众呼声，及时了解群众的所思、所想、所愁、所盼，做到从思想上尊重群众、从情感上贴近群众，做心系群众、一心为民的表率。甘于奉献，就是要做到集体利益在前、个人得失在后，也就是说，为党和人民事业不计得失、不求回报、真诚无私地付出。这是每个党员干部应追求的一个思想道德标准和一种纯洁高尚的精神境界。

江山就是人民，人民就是江山。人民立场是中国共产党的根本政治立场，是马克思主义政党区别于其他政党的显著标志。一百多年来，中国共产党站稳人民立场，党员干部心系群众、甘于奉献，这是党的根本政治立场和全心全意为人民服务的根本宗旨决定的。中国共产党的根本政治立场和根本宗旨，鲜明地昭示了党是代表最广大人民根本利益的。毛泽东主席指出："全心全意地为人民服务，一刻也不脱离群众；一切从人民的利益出发，而不是从个人或小集团的利益出发；向人民负责和向党的领导机关负责的一致性；这些就是我们的出发点。"毛泽东主席还指出："我们一切工作干部，不论职位高低，都是人民的勤务员，我们所做的一切，都是为人民服务。"中国共产党是在与人民群众密切联系、共同战斗中诞生、发展、壮大、成熟起来的。党离不开人民群众，人民群众离不开党。

黄文秀在短暂的生命历程中，牢记党的根本宗旨，全心全意为人民服务，树起一座心系群众、甘于奉献的不朽丰碑。虽然她已去世，但是她在人民群众的心里却留下了无尽思念。是什么原因让人们不能够忘记她？是因为她的心里总是装着他人，为群众办实事，她把群众当家人，把群众的家事当作自己的事，做人民群众的知心人、贴心人。正是由于黄文秀心系群众、甘于奉献，她才赢得了群众口碑，受到社会赞誉。

黄文秀无论在学生时代，还是在工作中，总是把群众当作自己家人倾心付出，只要人民群众有需求，她都毫不迟疑地挺身而出，为群众排忧解难。

2016年寒假，黄文秀应本科舍友高霞的邀请，计划到山西高霞家一起过春节。然而，当黄文秀得知北京师范大学有位百岁高龄老人一个人独居，便决定推迟到山西的时间，留京陪伴老人过年。

　　春节前两天，黄文秀在校园碰见魏天经老师。魏老师得知黄文秀春节不回广西，特意邀她除夕到家里吃饺子。黄文秀正要推辞，魏老师告诉她，还邀请了另外几位春节留校的同学除夕一起吃饺子。黄文秀见魏老师盛情邀请，点头答应。除夕下午，黄文秀早早来到魏老师家里，与几个同学一起动手剁馅、和面、包饺子。当包好饺子，准备下锅时，黄文秀却提出要离开。魏老师惊讶地问："发生了啥事？还没吃饺子就要走。"黄文秀只好说出事由："我得去王老师家，陪王老师吃饺子。"魏老师闻言，立马说可以放行，但必须等饺子出锅，带上饺子去陪王老师。黄文秀告诉魏老师："我昨天已经把饺子馅剁好，今下午和好面才来这里。我和王老师两个人吃不了多少，包起来很快，不用从这里带。"魏老师阻拦道："给百岁老师带饺子是我一份心意，这个任务交给你，能完成吗？"魏老师把话说到这个份上，黄文秀只有照办。

　　目送黄文秀离去，魏老师和剩余的同学边吃饺子，边聊黄文秀。有的同学说，黄文秀喜欢参加各种活动；有的同学说，黄文秀有着一颗朴实善良的心；还有的同学说，黄文秀挺有责任心。

　　魏老师对大家说："黄文秀对我说，毕业后要回广西工作，怕以后没那么多机会来北京了，希望能在这儿再过一个春节。当时，我还认为她除夕会去什刹海逛逛或者直接到天安门广场看夜景；真没想到她参加白鸽青年志愿者协会的爱心活动，陪百岁高龄独居老教师过年，以这种形式度过她在北京的最后一个春节。"

　　"啊？"同学们有些疑惑，"为什么要回广西？咱北师大的研究生，在北京找个工作不难吧！"魏老师满怀敬意地说："文秀是个有责任心、有担当的好学生，她要回广西，建设家乡。"

　　在长治学院上学期间，黄文秀向党组织递交《入党申请书》后，就认真学习党章，积极主动地听党课，以党员标准严格要求自己，努力践行全心全意为人民服务的宗旨。她自己生活很困难，心里却想着更困难的同学，以及更困难的弱势群体。她经常和同学们相约去福利院，看望孩子和老人，给老人唱歌梳头，和孩子玩游戏，从不嫌弃老人们身上的味道，也不厌烦孩子们的残疾和笨拙。孩子们都把黄文秀当自己的姐姐一样，他们手拉手地唱歌、做游戏，甚至簇拥在一起……

有一个小女孩已经十多岁了，呆呆傻傻的样子，也不和大家玩。不过，黄文秀还是鼓起勇气逗她玩，逗得多了，打开了小女孩那颗封闭的内心，以至于她一见到黄文秀就显得尤其兴奋！黄文秀从没把自己想得多么高尚和脱俗，只是自觉地融入最困难的群体中间，和他们在一起，哪怕是最简单的游戏、聊天，也愿意倾心去做。她认为，这样做，既让福利院的老人和孩子感受到了亲情和关爱，也使自己的心灵感到充实和满足。

同学们看到黄文秀为了福利院的老人和孩子，这么用心和付出，也纷纷表示想和黄文秀一起去福利院慰问那些老人和孩子。于是，黄文秀他们在全校范围内组织了对福利院老人和孩子的募捐活动，鉴于学生没有收入，主要是募捐比较完整和干净的衣物、鞋帽等物品。在募捐活动中，黄文秀是最活跃的一个，每一个同学过来捐赠，她都连声道谢。看着越来越多的衣物，黄文秀和同学们的脸上笑开了花。募捐活动结束后，他们在系领导的带领下，浩浩荡荡地赶赴福利院进行了捐赠，黄文秀和同学们也为能做这样一件好事感到由衷的欣慰。

2018年3月，黄文秀到国家扶贫开发工作重点县百色市乐业县担任新化镇百坭村第一书记，成为了扶贫最前线的一名战士。"扶贫之路只有前进没有退路，只要确定了就义无反顾"，黄文秀秉持着这样的为民情怀，她以百坭村为家，几乎把城里所有家当都搬到了村里不足10平方米的屋子里，一头扎进村里，把自己作为村里的一分子，主动融入百坭村这个大家庭，访贫问苦，对大家嘘寒问暖、体贴入微，把村民当作自己的亲人去关心爱护。

中国共产党根基在人民、血脉在人民、力量在人民，为人民而生，因人民而兴，始终同人民想在一起、干在一起。黄文秀"用脚步丈量民情"，时刻将百姓冷暖挂在心间，同群众想在一起、干在一起，怀着真情解民所难，带着真心帮民所需，用自己的"辛苦指数"换取群众的"幸福指数"，把口碑深深刻印在群众心坎上。百坭村贫困户韦乃情告诉每一个来访者："黄文秀真是一心一意帮我，比我女儿还要亲！一年她往我家里跑了12趟，每次都是嘘寒问暖，还教我种上20亩油茶，帮助我申请养老补贴，报销住院费。"

黄文秀的工作原则是群众之事无小事，所以她一件接一件地去落实。为打赢脱贫攻坚战，助推百坭村高质量脱贫，黄文秀和村"两委"制定了工程建设规划和产业发展规划，并逐一落实。为确保在脱贫中不落下一个人，黄文秀在村民中宣传扶贫政策，对低保户、五保户、孤儿、残疾人员和贫困户建档立卡，为了不耽误村民白天干农活，她常常在晚上和下雨天入户开展工作。

习近平总书记非常关注健康扶贫，在多种场合反复强调健康扶贫的重要性，提出了一系列新思想、新论断，如"经济要发展，健康要上去，人民群众的获得感、幸福感、安全感都离不开健康"以及"没有全民健康，就没有全面小康"。百坭村原来是没有卫生室的，村医罗昌明只能在自己的家里接诊。为了把习近平总书记健康扶贫思想落到实处，黄文秀到百坭村后很快就将村部原来堆放杂物的几间仓库改造成村卫生室，村医罗昌明也开始在村卫生室开展接诊服务。黄文秀到百坭村不到一个月的时间里，解决了村里多年没有卫生室的难题。2018年4月17日，进村工作刚20天，黄文秀就邀请镇卫生院的医生到百坭村卫生室为村民开展义诊服务和免费体检活动。

为了使村民了解什么是健康扶贫，黄文秀召集百坭村村民向他们宣讲党的健康扶贫政策，和村干部一起在现场为村民发放医疗救助宣传资料，向村民普及健康的生活方式，使村民掌握正确的防病知识、科学的就医知识和合理的用药知识。她对村民们说："各位父老乡亲，大家都很关心自己的健康，这是好事。保障大家的健康也是我们村干部要做的事情，健康扶贫是精准扶贫的一个重要方面。因病致贫、因病返贫是我们脱贫攻坚的主攻方向。"最后，黄文秀还利用自己大学时师范教育专业的优势，就健康与贫困的密切关系向村民们进行了既生动形象又通俗易懂的讲解。

愿意俯下身子，就是政治上的高站位；为群众办实事，就是为党和国家干大事。黄文秀在任百坭村驻村第一书记期间，从维护村民的健康和实现百坭村的持续发展出发，关心村民的健康状况，为村民的健康排忧解难。比如，黄文秀亲自联系乐业县农合办工作人员，向他们了解29种慢性病情况，随之又统计符合办理慢性病条件的村民，把这些村民慢性病的相关材料收集整理后到县农合办办理慢性病卡。这些办卡的村民，后续治疗得到了医疗保障，大大减轻了他们的家庭负担。

"心系群众鱼得水，背离群众树断根"，从黄文秀的身上，我们看到了一颗全心全意为人民服务的赤子之心，看到了一个舍小家顾大家的巾帼英雄。中国共产党成立一百多年来，正是一代代像黄文秀一样的共产党人始终心系人民、甘于奉献，我们党才赢得人民群众的拥护和爱戴，才能带领人民群众创造出彪炳史册的伟绩。

三、"既然选择了，唯有坚持"

中国共产党来自人民，为人民而生，始终把人民利益放在第一位，把个人利益放在后面，人民群众在哪方面感觉不幸福、不满意，我们就在哪方面下"深功夫"，千方百计为人民群众排忧解难，为人民群众谋取幸福。

2018年3月，黄文秀刚结束那满镇挂职工作回到宣传部，完全可以在理论科从事她的副科长工作。当她听到部里要派人去脱贫攻坚时，没有和家人商量，直接报名参加，报名之后才告诉父亲与姐姐。父亲知道后，潇洒地说："只要秀想做的事，我都支持！"姐姐却说："文秀，听说那个地方比咱多柳屯还山，你一个女生跑到那里当驻村书记，家里人不放心。"她对姐姐说："姐，我一定要到脱贫攻坚最前线，去帮助困难户脱贫。"姐姐又说："你虽然出生在大山里，但从小就生活在城市，上大学、读研也算一帆风顺，没有真正体验过山里的生活有多困难。"她安慰姐姐："长征路上那么多艰难险阻，许多女战士都不畏惧。红军女战士能做到的事，我也能做到！"姐姐见她去扶贫的意志非常坚定，表态支持道："去吧！遇到困难别哭鼻子，记住：'苦不苦想想长征两万五，累不累想想革命老前辈'。"为了感谢姐姐的鼓励，到百坭村报到的当天，黄文秀特意给姐姐打电话，告诉姐姐自己已把《西行漫记》带在了身边。

2018年4月2日，星期一，黄文秀在日记中写道："这是我担任第一书记的第一周，内心十分激动，也倍感鼓励，之前与担任过第一书记的同志交流，他们都说压力非常大。我能不能坚持下来，心中也十分疑惑，但既然选择了，唯有坚持。"

黄文秀上任第三天，拜访了乐业县扶贫办主任王世岳，虚心向他请教工作方法。王主任告诉她："第一要去搞调研，做好分类，因人因户施策。比如，有劳动力的要怎样做，没有劳动力，需要怎样走民政兜底政策。"根据王主任传授的经验，黄文秀对扶贫工作的起步有了头绪。她要走村串屯挨家挨户对村内的贫困户走访，认真了解每个贫困户的致贫原因和现状。

扶贫之路，充满艰辛。百坭村的贫困由来已久，解决贫困问题任重道远。黄文秀走访的第一站是百爱屯，走访的第一个贫困户是韦胜双家。黄文秀敲开韦胜双家大门，告诉他自己是新来的驻村第一书记，特意来了解他家的贫困情况。韦胜双只是满脸疑虑地点点头，让黄文秀走进院子里。黄文秀根据扶贫手册里要求的项目，向韦胜双询问他家的情况。韦胜双不屑一顾，

第七章　无私奉献的大爱胸怀

低头抽烟，任凭黄文秀怎么问，他什么也不说。黄文秀一时想不出开启交谈的方法，只得先告辞离开。

不只在韦胜双家碰了钉子，一连几天到屯子里家访，黄文秀遇到不少村民质疑与嘲讽。听到村民冷讥热嘲，黄文秀有时候也觉得心里憋屈，可为了帮助村民脱贫，她不在乎那些质疑，仍旧辛辛苦苦地翻山越岭、走街串户家访。

黄文秀的扶贫日记，彰显了她"既然选择了，唯有坚持"的点点滴滴。驻村以来，黄文秀为了坚持，她经常奔忙在脱贫攻坚第一线，进屯入户看望、慰问贫困户，为他们送去党的温暖和各项惠农政策，向他们征求脱贫攻坚的意见和建议。

什么是坚持？简言之，坚持就是遇到困难不改变、不动摇、不放弃，始终如一，是意志力的完美表现。有了坚持，才会朝着目标坚定地前行；有了坚持，才会努力寻求解决困难的办法；有了坚持，才有可能把梦想变为现实。

"既然选择了，唯有坚持"，这一表述体现出黄文秀具有坚定的马克思主义信仰和中国特色社会主义信念以及对实现中华民族伟大复兴中国梦的信心。信仰、信念、信心，任何时候都至关重要，习近平总书记强调，学史增信，就是要增强信仰、信念、信心，这是我们战胜一切强敌、克服一切困难、夺取一切胜利的强大精神力量。2021年4月25日，习近平总书记在参观湘江战役纪念馆时指出，红军将士视死如归、向死而生、一往无前、敢于压倒一切困难而不被任何困难所压倒的崇高精神，永远值得我们铭记和发扬。

基于坚定的理想和信仰，黄文秀在一次次选择中才能坚守初心、牢记使命，在一件件工作中都能心系群众、甘于奉献，创造出无愧于党、无愧于人民、无愧于时代的业绩。"既然选择了，唯有坚持"，这一表述体现出黄文秀在坚守初心、牢记使命和心系群众、甘于奉献的征途上具有不怕困难、敢于胜利的勇气。坚持就是胜利，这是历史给予我们的宝贵启示。

黄文秀以咬定青山不放松的执着，在脱贫攻坚的大道上一步一个脚印朝着既定目标奋进。她短暂的人生，历经了家庭经济的拮据、高考的挫折、读书的艰难和工作中遇到的困难，但任何困难都没有压垮她，究其原因就在于对党忠诚、不负人民、为党分忧、为党尽职、为民造福的信念深深地植根于她的灵魂深处；全心全意为人民服务、无私奉献的大爱胸怀给予她战胜一切困难的勇气。

第八章
求真务实的工作作风

第八章 求真务实的工作作风

"实事求是",是东汉史学家班固提出来的,其含义为"根据实证,求索真知",讲的是一种治学态度和方法。毛泽东主席在延安整风运动中,把"实事求是"当作理论与实践相统一的思想方法提出来,作为整顿学风的重要要求。当时,毛泽东主席指出:"'实事'就是客观存在着的一切事物,'是'就是客观事物的内部联系,即规律性,'求'就是我们去研究。我们要从国内外、省内外、县内外、区内外的实际情况出发,从其中引出其固有的而不是臆造的规律性,即找出周围事变的内部联系,作为我们行动的向导。"随之,"实事求是"成为马克思主义中国化的理论精髓,成为我们党改造世界的重要思想武器,成为党的思想路线的概括性表述。"实事求是"作为中国共产党人的一种思想方法,它强调一切从实际出发,理论联系实际,在实践中检验和发展真理;立足中国实际,走自己的路;大力弘扬求真务实精神,大兴求真务实之风。"求真务实"是对实事求是的进一步弘扬和发展,其基本含义是坚持讲实话、出实招、办实事、务实效,主要表现为一种认真踏实的工作态度和作风,即求真务实的工作作风。中国共产党一百多年来在面对无数艰难困苦、应对无数风险考验时,之所以能够化险为夷、转危为安,始终保持生机和活力,得益于其始终坚持求真务实的工作作风。

求真务实的工作作风,是每个共产党人都应当具备的政治品格,也是每一个党员干部都应当坚持的工作作风。黄文秀在带领百坭村群众脱贫攻坚的过程中,坚持实事求是,弘扬求真务实的工作作风,坚持深入群众、对全村贫困家庭挨门逐户进行家访,拜群众为师,一切从百坭村脱贫攻坚的实际出发,从百坭村群众的利益出发,办实事、求实效;她扑下身子躬身实践、求真务实、真抓实干,不摆花架子,不搞空洞无用的形式主义,用实实在在的工作成效造福群众、取信于民;在她看来,"只有扎根泥土,才能懂得人民"。她带领百坭村群众脱贫攻坚的过程,就是扑下身子求真务实、真抓实干的过程。正是这样,使她能够在较短时间内摸清百坭村贫困的原因,找到脱贫攻坚的路子,制定出切合实际的脱贫攻坚计划,从而取得脱贫攻坚的成效,赢得领导和广大群众的普遍赞同。

一、深入群众,调查研究

做到实事求是,需要深入群众了解实际情况。只有深入群众、调查研究,才能了解实际情况,才能把实事求是贯彻到工作中。增强实事求是的本领,一个重要方面在于熟练掌握调查研究这个基本功,经常、广泛、深入地开展调查研究,眼睛向下、脚步向下,经常扑下身子、沉到一线,近的远的都要去,好的差的都要看,干部群众表扬的和批评的都要听。这样才能获得在办公室难以听到、不易看到和意想不到的新情况,真正把情况摸实摸透,从而找出解决问题的新视角、新思路和新对策。

调查研究,是我们党的"传家宝",也是做好各项工作的基本功。从毛泽东主席的"没有调查,没有发言权"到邓小平同志的"只有调查研究,你心中才有数",再到习近平总书记的"调查研究是谋事之基、成事之道",一百多年来,共产党人始终注重调查研究这一基本功,坚持在调查研究中改进工作方法、提高工作能力。

坚持实事求是的前提是做好调查研究、深入了解实际,如果脱离了调查研究就会偏离坚持实事求是的要求。"不唯书、不唯上、只唯实"是搞好调查研究的根本原则,结论必须产生在充分调查研究之后,建立在科学论证的基础之上。客观实际情况是调查研究的"源头活水",离开实际情况去判断形势、指导工作、制定方针政策,就会犯机会主义和盲动主义的错误。

了解实际,需要掌握调查研究这个基本功。现在的通信手段越来越发达,获取信息的渠道越来越多,但都不能代替亲力亲为的调查研究。调查研究,既要"身入"基层,更要"心到"基层,听真话、察真情,真研究问题、研究真问题,不能搞作秀式调研、盆景式调研、蜻蜓点水式调研。黄文秀在百坭村带领群众脱贫攻坚的过程中，为找到脱贫攻坚的路子，她坚持实事求是，弘扬求真务实的工作作风，深入群众，调查研究，甘当小学生，拜群众为师，倾听群众意见和建议。通过广泛、深入地走访群众，系统、全面地调查研究，她带领村"两委"制定出切合百坭村实际情况的脱贫攻坚计划。

黄文秀进入百坭村后，没有闭门造车，先搞一个貌似宏伟的空洞脱贫计划；而是每天进屯入户，搞调查研究。经过调查，黄文秀对百坭村的自然资源和原有的集体经济、农户经济都有了详细了解。

百坭村有酸性红壤和肥沃的黑土地，无霜期长、降水丰富，在山地上适合种植砂糖橘、八角、枇杷、杉木、油茶树等经济林木，村民也有种植果木的传统，只是以前种植数量少，没有形成规模化产业。2014年，在乐业县委、县政府和新化镇党委、镇政府的引导下，村民扩大了经济果木种植，到2017年底，全村共有500多亩砂糖橘、600多亩八角、800亩多杉木、400多亩烟叶，还有枇杷、百香果、油茶等作物。

黄文秀到百坭村任职之初，正是砂糖橘花含苞待放之时。她查阅了相关资料，得知，在种植砂糖橘的过程中，花蕾期及花期管理非常重要，直接关系砂糖橘果实坐果率和落果率，想要提高砂糖橘果实产量和质量，花蕾期的修枝剪叶、盛花期后的施肥、花谢前的施肥、谢花后的施肥、挂果树施肥管理一定得到位。可是，在这个关键节点，黄文秀看到百坭村多数果园没有动静。

黄文秀在调研中还了解到，砂糖橘一般种植3年可结果，第5年进入盛产期。百坭村2014年种的500亩砂糖橘，2018年已经进入盛产期；烟叶生长期短，当年种植，当年收益，属于"短平快"产业。遗憾的是，由于缺乏种植技术，管理模式粗放，果树和烟叶染病导致产品数量少、品质差，加上交通不便，产品销路不好，直到2017年底，种砂糖橘和烟叶的农户多数赔钱。经济收益上不去，挫伤了种植户的生产积极性，许多村民放弃种植业，外出打工。村里的果园大多疏于管理,面临荒废。2018年,烟叶种植户数亩数双双减半。当然,也有少数人家从砂糖橘和烟叶种植中获利。那用屯班统茂家的砂糖橘,2017年喜获丰收,30亩地摘了2万斤果子,卖了6万元钱,除去购买树苗、施肥、打药等成本,赚的钱虽然不多,但比种粮食作物经济效益明显提高,村委会主任班智华家的烟叶收益也不错。

摸清百坭村产业基础情况后,黄文秀认为,砂糖橘和烟叶种植虽然有些荒弃,毕竟有一定的种植基础,何况砂糖橘树龄已经长到丰产期,如果能抢救过来,比另起锅灶搞其他产业来得快。有了这个初步计划后,她没有立即敲定,而是虚心向果木专家请教,请他们到村里实地考察,给出指导意见。专家查看后认为,只要妥善管理,果园仍有较高经济价值,可以选为2018年度脱贫产业。

在调查研究的基础上,黄文秀组织村"两委"开会,经过认真研讨,才把砂糖橘和烟叶列为2018年度脱贫致富主导产业。考虑到多数村民对果木种植缺乏信心,黄文秀带领村"两委"班子成员和村民代表主动"走出去",到区内外经济发达的农村地区考察学习;"请进来",邀请县里的技术员到百坭村传授果园、烟叶等管理技术。

黄文秀在调查走访中了解到,老百姓反映最集中的问题是进屯道路。百坭村有11个自然屯,屯子之间距离较远,从屯子到村部远的要走10多千米的路程。通屯道路蜿蜒于山间,没有硬化。山路崎岖,每逢下雨路面泥泞不堪,老百姓进出屯子十分困难,更不用说运输货物的车辆进出了。南方夏天下雨的时候特别多,交通问题极大制约着当地发展。

黄文秀在扶贫手记中写道:"除了走访全村的贫困户之外,我还针对性地走访了村内党员、退休村干、退休教师以及各村屯的小组组长。他们反映最为集中的一个问题就是山上片区5个屯的通屯道路硬化问题。这5个屯在2014年已经修通通屯的砂石路,但南方雨季长、雨量大,多处路段砂石已被雨水冲刷流失，一下雨，路面就泥泞不堪，坡度较陡的路段雨季摩托车都不能通行，还有一些路段因泥石流、滑坡等出现了垮塌。这不仅影响了附近群众的交通出行，还有一个关键问题，全村的产业都集中在这5个屯的范围内，基础设施的完善对百坭村的发展至关重要。对于群众反映的这些问题，我都一一记录在驻村日记中，并向上级相关部门反映情况。"

经过走访调研，黄文秀认为，百坭村的贫困问题表面上看是生产生活条件差、农民增收难、集体无收入，因学致贫和因残、因病致贫占比高，其实说到底，百坭村贫穷的根源在于交通落后行路难与产业碎片各自管，百坭村要想发展必须解决交通与产业两大难题。

如何解决这两个难题，黄文秀和村"两委"多次商讨，把修路和脱贫攻坚紧密联系在一起考虑，他们认识到道路不畅通，产业不可持续。同时，也认识到：产业问题只要干部带头，把主导产业搞上去，把全村群众的心气凝聚在一起，齐心合力去做，便可得到期望的收获；而道路交通问题，百坭村没有集体经济收入，仅凭百坭村自身力量不可能在短时间内解决好。为尽快解决群众出行及产品运输，不耽误产业发展，黄文秀带领村干部一方面组织青壮劳力自己动手整修道路，应对村民当务之急；一方面，积极向县政府反映脱贫攻坚中遇到的具体困难，请求县政府给予资金帮助。

为此，黄文秀带领村干部实地测量，实事求是做预算，写申请报告，向县政府申请修路经费。交上申请报告后，黄文秀隔三岔五到县里相关部门询问进展情况，并把了解到的进展情况及时通报村"两委"，让大家心里都有数。

在黄文秀积极努力下，终于为百坭村争取到乐业县财政专项扶贫资金，将3条百坭村通屯道路列入2019年安排项目。

二、躬身实践，求真务实

实践的观点是马克思主义哲学的核心观点；只有在实践范畴的基础上，

马克思主义哲学才超越了以往的全部哲学。因此，坚持让实践来说话，是求真务实的实事求是精神的核心和精髓。无论是深入群众、调查研究，还是从实际出发、求真务实，都坚持了实践的观点。

躬身实践，意思指亲身实行或体验。求真务实就是建立在矛盾的对立与统一规律的绝对性真理的基石上，立足于当下的具体实际情况，从当下的具体情况具体问题出发，利用矛盾分析法，处理当下的具体问题，达到求真与务实相结合的统一。躬身实践、求真务实是共产党人的政治使命和鲜明品格，邓小平同志在改革开放初期曾告诫全党，世界上的事情都是干出来的，不干，半点马克思主义都没有。习近平总书记反复强调："社会主义是干出来的，新时代是奋斗出来的。"中华人民共和国成立70多年来，中国人民躬身实践、勇于探索、求真务实、真抓实干，党和国家事业都发生了历史性变化、取得了历史性成就。中国特色社会主义进入新时代，党要带领人民打赢三大攻坚战，迫切需要建设一支躬身实践、求真务实的党员干部队伍。黄文秀从深入群众、调查研究中来，到躬身实践、求真务实中去，勇担重任、尽力尽责，坚定地肩负起决战贫困决胜全面小康伟大使命，以永不懈怠的精神状态和一往无前的奋斗姿态，从一点一滴做起，用平凡展示伟大，用年轻的生命诠释了新时代共产党人躬身实践、求真务实的高贵品质。

深入群众、调查研究是为了解决问题，回应人民群众"急难愁盼"的现实关切。调研者拜群众为师可以觅得良方，躬身实践可以求得真知。注重调研实效，关键看调研结果能否转化为解决问题的具体措施，能否解决群众的操心事、烦心事，能否服务于领导决策，推动工作落实。调查研究以问题展开、以结果落地，最终制定出符合实际、有效有用、可操作性的工作方案，使调研成果不仅能够惠及最广大人民群众、得到人民认可，还能经得起实践的检验。

黄文秀通过深入群众、调查研究，准确、全面地了解情况之后，把重点放在落实调研成果、解决实际问题上,将调研成果转化为推动落实的具体举措、解决问题的具体行动,她躬行实践、真抓实干,让百坭村群众收获实实在在的获得感、幸福感。

到百坭村之前,黄文秀已经了解到,新化镇是乐业县的种烟大户,镇里还有烟站。当时,黄文秀还乐观地认为,到百坭村后,只要抓住烟叶这个短平快产业,脱贫攻坚就胜利在望。谁知,到村后一调查,才知道2017年,百坭村4个屯子有53户人家种植烟叶,总共种植了406亩。2018年,就只有2个屯子22户人家种烟叶,总共种植了203亩。一年时间,种烟户数减了六成,烟叶种植面积减了一半。从这两个数字不难看出,百坭村烟叶产业呈现出断崖式下滑趋势。

百坭村产业基础薄弱,能帮村民脱贫致富的产业屈指可数。烟叶和砂糖橘本应成为百坭村的两项优势产业,可在2018年初,这两项产业深陷困境。面对重重困难,黄文秀又一次发挥了百折不挠的精神,一方面深入烟农调查弃种的原因,一方面又去镇里烟站请教。

镇烟站龙俊站长告诉黄文秀:"百坭村种植烟叶有自然环境优势,做好了是个黄金产业,可以帮助村民脱贫致富。这几年,百坭村烟叶产业没有发展壮大,关键还是技术与管理存在问题,烟叶品质上不去,自然卖不到好价钱。经济效益上不去,村民肯定会弃种。百坭村发展烟叶产业的关键切入点应该先提高烟叶品质。烟叶品质提高了,烟农经济收入就会提高,往后才好推动种植面积扩大。我真希望你能把百坭村的烟叶产业搞起来,这对百坭村和新化镇的经济可持续发展都是大好事。"

黄文秀看出龙站长是个坦诚的人,又对百坭村有期待,她抓住时机向龙站长请教了许多烟叶种植问题,并提出请龙站长给百坭村烟农做技术指导。龙俊看着眼前这位名校硕士不耻下问,感动得热血沸腾,当即向黄文秀表示:镇烟站负责从种植管理到烘烤整个生产过程中的技术服务。

这次拜访，黄文秀收获颇丰：从龙站长那里获取了烟叶种植技术、产业前景和政府支持力度等多方面信息，敲定了镇烟站对百坭村烟叶种植与烘烤的技术指导，借了烟叶种植的相关书籍。

有了龙站长技术方面的鼎力支持，黄文秀对烟叶产业更有底气了。她回到村里，与周昌战、班智华合计后，立即召集村干部、屯干部和烟农一起讨论烟叶种植需要哪些技术指导，如何提高烟叶产量、烟叶品质以及扩大种植面积等问题。

由于班智华主任本人就是烟叶种植大户，有烟叶种植的经验，因此他在烟叶种植动员会上，讲得烟叶种植头头是道。班智华从烟苗的培育、移栽、病虫害防治讲起，一直讲到烟草烤干的技术和烟草的销售。他之所以讲这些，其目的就是告诉大家，只要用心，烟叶的质量完全可以提高，能扩种尽量扩种，他会在技术和销售上为村民保驾护航。

烟农班龙排只种了一亩烟叶，黄文秀到他家动员其多种些。他告诉黄文秀："对扩大烟叶种植，我是有心无力呀！"他叹口气道："家里只有我一个劳动力，我还是个残疾人。种烟叶需要干很多体力活，我这腿脚不灵便，种多了照顾不过来，根本不敢多种啊！"班龙排讲的是真心话，由于体力不支，2018年他家只种了一亩烟叶，他知道亩产量再高，总产量终究比别人家少很多。他羡慕靠烟叶种植脱贫的同村人，也想扩大种植面积，可心有余而力不足。

双重贫困户是黄文秀扶贫的重点关注对象，她经常到班龙排家走访，十分清楚他家的劳力状况。这次家访之前，先做了预案，可以说是有备而来。当班龙排说出自己播种困难时，黄文秀安抚道："你家的情况我和村'两委'都了解！只要你想通，能多划出些地用于种植烟叶，缺劳动力的问题，村委会组织人力来帮你，我也算一个；缺技术，我们请镇烟站派技术员来指导，确保烟叶的产量与质量，你说好不好？"

班龙排感动地握住黄文秀的手说:"这些困难你都帮我想到解决的办法了,那我就有信心多种几亩!"

黄文秀对班龙排的帮扶格外用心,隔三岔五就到他的烟田看看。班龙排文化水平较低,对烟叶种植技术掌握得不好,黄文秀常请技术员给他传授技术。当班龙排去烟田忙碌时,黄文秀就抽时间去他家帮助照顾老人。班龙排在黄文秀的帮扶下,身残志坚,每天到烟田劳作,靠勤劳摆脱贫困。

黄文秀知道,产业不成规模就谈不上有什么经济效益,必须动员更多的村民种植烟叶,烟叶产业才能真正发展起来。村里的年轻人多数外出打工,留在村里的村民大多数年龄偏大、文化偏低,感觉种烟叶技术难掌握,对种植烟叶有抵触情绪。考虑到这些具体问题,黄文秀决定亲力亲为,自己先学会种植烟叶。其实,来百坭村之前,黄文秀特怕烟味。上学时,一次在列车上,黄文秀被邻座抽烟呛得头晕了两个多小时,从那时起,她看见别人抽烟,就躲得远远的。可面对百坭村的烟叶产业,黄文秀决定亲自实践。她认为,自己受教育程度高,接受知识和技术的能力强,因而,除查询和翻阅有关烟叶的资料外,每当烟站的龙站长来村传授技术,黄文秀都亲自陪同,认真学习。

黄文秀驻百坭村期间,带领全村88户417名贫困群众脱贫,其中21户人家是通过种植烟叶成功脱贫的。

清朝名臣曾国藩曾多次讲:"天下事,在局外呐喊议论,总是无益,必须躬身入局,挺膺负责,方有成事之可冀。"做任何事,旁观与闲谈是不会有所作为的,凡事必挺身入局,英雄扼腕,壮士断臂,才能成就一番事业。

为筑牢百坭村的种植产业基础,黄文秀"凡事必挺身入局"。有资料显示:蜜蜂在采集花粉和酿蜜的过程中,将花粉带到不同的花朵上,促进了果树的有性繁殖。这种传粉方式可以使果树的授粉率和果实的连续性增加,使果实的产量和品质都得到提升。她查阅了许多篇相关论文,得知经过蜜蜂传粉的柑橘、苹果、猕猴桃等果树的产量可以提高20%~30%,油茶的产量能提高一倍多。饲养蜜蜂不仅收获了蜂蜜,还能提高果树产量和品质,因此,黄文秀又开始琢磨起养蜂产业。

养蜂会使果树产量提高这个说法,老百姓一时接受不了,何况,饲养蜜蜂比较危险,弄不好会被蜂刺蜇伤。黄文秀想到这些具体问题,干脆自己先行动起来,学习养蜂,把蜂王带回百坭再动员村民养殖。她说干就干,直接与皈里村的第一书记张芹维联系,亲自到皈里村学习养蜂技术。张芹维告诉黄文秀,养蜂技术并不复杂,下点功夫就能学会,但是,要有舍得花费时间的耐心和承受被蜜蜂蜇伤的勇气。黄文秀说:"我得克服一切困难,掌握好养蜂技术,带动起百坭村群众养蜂。为此,就算被蜜蜂蜇几次也值得。"

到了养蜂场,看见乌压压的一片蜜蜂,黄文秀迟疑了一下,鼓了鼓勇气,戴上防蜂帽、网面和手套,跟着张芹维边参观,边动手学着操作。她一丝不苟地观察每一个技术环节,然后虚心请教,亲手操练,力求掌握每项技术要点。

张芹维原先认为黄文秀所谓的现场学养蜂技术,只是走马观花,大致了解一下流程即可,没想到这位女同事学得如此认真和勇敢,每一个技术环节都要亲手操作。他被黄文秀这种勇于担当、迎难而上、奋力创业精神所感动,在之后的日子里,张芹维不厌其烦地一次又一次陪同黄文秀到养蜂场学习,把皈里村实践中摸索到的每项养蜂技术毫无保留地传授于她。

黄文秀躬身实践、求真务实、埋头苦干,一心为人民谋幸福,用柔弱的肩膀挑起扶贫重担,在平凡的岗位上创造了不平凡的业绩。

三、"只有扎根泥土,才能懂得人民"

党的根基在人民,党的血脉在人民,党的力量在人民。习近平总书记多次强调:"中国梦归根到底是人民的梦,必须紧紧依靠人民来实现。"黄文秀在《驻村日记》中写道:"只有扎根泥土,才能懂得人民。"这一求真务实的工作作风的表述，是最讲实际的表述，是最接地气的表述，是厚植"人民至上"的为民情怀的表述，折射出的是一名年轻共产党员的使命担当，道出了一名优秀青年共产党员的炙热初心，饱含着的是对人民群众的深厚感情，凝聚着的是无私奉献的高尚品质。

扎根泥土，才能举起理想；心有远方，才能风雨兼程。黄文秀怀着"我想回去建设家乡，把希望带给更多父老乡亲"的情怀，一头钻进贫困村民中，近距离感受群众疾苦，在走村入户中了解群众所需所盼，在埋头苦干、无私奉献中带领88户417名贫困群众脱贫，无愧于"七一勋章"和"时代楷模"的称号。

脚上沾有多少泥土，心中便沉淀多少真情。黄文秀将扶贫事业作为"心中的长征"，她用脚步丈量了土地，用青春诠释了共产党人的初心使命，赢得了广大群众的信任和口碑。在她身上，我们看到了一名共产党员"扎根基层、一心为民"的价值追求，看到了坚守理想信念、心系扶贫事业、忠诚担当作为的感人事迹。道路泥泞才会留下脚印，山峰陡峭才有无限风景。"群众在干部的心里有多重，干部在群众心中就有多重"，黄文秀深入群众中间，把群众当作亲人。她虽然离开了，但是她在群众心中留下的深深"脚印"却永远不会抹去。

据新化镇干部蒙文岩回忆："对文秀书记印象最深刻的是她比较简朴，平时总是穿着一身运动装，朝气蓬勃，时刻准备投入工作。有一次晚上去走访，返程遇到山体滑坡，车辆无法通行，她跟着队员一起爬坡，在黑暗和泥水中走了两小时才到村委，文秀没有任何怨言。她刚来工作的时候，说的是普通话，半年后就能够用流利的土话跟村民交流，与村民打成一片。大家不仅愿意和她谈工作的事，还愿意跟她拉家常，说家事，都喜欢她，信任她。"黄文秀在日记里，也曾这样写道："我发现我的方言进步了，可以和贫困户完整用桂柳话交流了。"

黄文秀　传承红色精神的青年楷模

黄文秀能在半年时间学会土话（桂柳话）实属不易。作为师范院校的学生，普通话必须考试过关，许多同学大一就考过普通话，她在大四最后一个学期才通过。她为了融入百坭村群众中，一定是花了很大精力去学土话，由于付出了极大努力，才会把学会土话当作一件重要事情写在日记中。由此可见，黄文秀对人民群众的感情多么深厚！

乐业县一名信访办干部说："文秀同志平时为人很随和、很谦虚，从来都不认为自己是一个高材生或是一个从市里面下来的科级干部就高人一等。她常去群众家里开展工作，找群众拉家常，和群众打成一片，了解他们的产业发展、孩子就业等情况。有一次我们下队走访，她看到一户人家里有几个妇女在一边织布、一边唱壮族山歌，为了和群众搞好关系，就跟着她们学织布、学唱山歌。文秀还经常教村里的孩子绘画、书法。从这一点就看出文秀很随和、很阳光，想方设法地搞好群众关系。"

时任乐业县扶贫办主任王世岳也回忆说："我进村几次，发现她（黄文秀）都是跟群众在一起，有一次遇到她在帮群众捡油茶果，有一次碰到她跟老百姓一起扫地，还有一次看到她去看望住院回来的村民。我很喜欢她，她是老百姓的贴心人，也是我们脱贫攻坚战的战斗员。"

在广西百色起义纪念馆内，珍藏着两张手绘示意地图。地图上没有城市、高铁和商铺，只有两条弯曲简易的村道，上面标着一户户贫困户的具体位置。绘制地图的，正是百坭村第一书记黄文秀。黄文秀说："不知道贫困户住在哪，怎么帮他们脱贫。"百爱屯，54户：黄世铁、黄世炳、黄世顺……百布屯，40户：梁三合、梁三定、梁祥清……地图上的每个名字，都是黄文秀走村串户后一笔一画写下的。有村民说："我家在地图上第7排右边第2户，文秀书记来我家了解到，我妹读中职我读高职，她主动帮我们申请了'雨露计划'，为我家解决了很大的困难。"还有村民表示："我家在路坎上第2排，文秀书记来了之后，她帮我们修了这条公路，现在路面很好，走路来回很方便。"百坭村村委会干部班智华至今记得黄文秀画这两幅地图时的样子，他说："我们全村有195户贫困户，她当时来到这里，压力很大，到每一户，她都做好记录。她说，如果不标清楚，我自己过来，不清楚贫困户在哪里，怎么帮贫困户脱贫。"地图上画的简易村路，当年还是泥巴路。2018年，黄文秀带着村"两委"班子向有关部门申请，筹集到资金，终于完成了1.5千米通屯路的硬化。在黄文秀画的地图上，还有两个画五角星的标志物，一个是村委会，一个是茶叶厂。

当年的贫困户黄金专，将不到两亩的油茶扩种到20多亩后彻底脱贫，就是源于黄文秀的建议和鼓励。"文秀书记跟着我们走到山上来，看到我们的油茶，说这里应该扩宽一些，多种一点。我种了差不多二十来亩，现在结果了，还有八角、三叶青，每年收入八九万左右。"如今村民们回忆起这些往事，仿佛就在昨天。

黄文秀胸怀真情解民所难，用自己的"辛苦指数"换取群众的"幸福指数"，把口碑深深刻印在群众心坎上。者乐屯黄邦旋是位个性鲜明的贫困户，脾气特倔。由于贫困多年，失去了奋斗的信心，所以一心想要申请低保。但是，根据国家政策，他家压根不符合条件。黄邦旋申请不到低保，对村干部心存不满，对脱贫工作的抵触情绪极为严重。黄文秀去家访，黄邦旋坚决不开门。进不了门，扶贫手册填不了，后续工作就无法进行。

黄文秀没有被"闭门羹"吓退，她一边敲门，一边喊："黄大哥，请开门，有事慢慢说，咱们商量商量。"一次喊不开，就喊两次，两次喊不开，就喊三次。门终于开了，黄邦旋黑着脸说："我要享受低保，要小额贷款，产业奖补，你们不给办，我就不在手册上签字。"黄文秀甜甜一笑说："老哥，我们认个兄妹好吗？你年龄大些，你做哥，我做妹。哥，我知道你很勤快，也很会打算，一定能奔小康。"又劝导："哥，我们认真研究过你家的情况，按政策规定真的不符合低保条件。但国家扶贫政策多得很，何必只想着低保呢？低保只能解决基本生活，脱贫致富，好日子才长久。你把果园经营好，我帮你申请产业奖补。"

黄邦旋听到有比吃低保更好的出路，脸色终于阴转晴，心平气和地说："小妹妹，说得有道理。就冲你，我签字！"

在黄文秀的鼓励下，黄邦旋有了脱贫致富的动力，用心管理自家果园，为当年脱贫打下基础。随后，黄文秀信守承诺，为黄邦旋家争取到7000元产业奖补，用来补充种水果的资金。

对于贫困户黄美线来说，黄文秀不是亲妹胜似亲妹。2017年，黄美线的丈夫得了癌症，花了十多万元医药费之后，离她而去。男人不在了，又欠下那么多债，孩子还在上学，沉重的负担压得黄美线喘不过气来。正当黄美线一家人生活陷入困境时，黄文秀主动去帮扶她。在黄文秀的帮助下，黄美线贷款5万元，在村部附近开了间小卖部，还办了一个小型农产品加工厂，既方便了村民，也让这个贫困户有了相对固定的收入，生活一天天好起来。

"只有扎根泥土，才能懂得人民"，是最讲实际的表述。黄文秀认为，要"让老百姓愿意接受我，就得让老百姓觉得我和他们是一样的"。为寻找精准扶贫之策，黄文秀深入到每一个贫困户家里了解情况，分析致贫根源，商议脱贫方案。在此基础上，黄文秀根据百坭村的实际，提出实施"十大行动"和"十个到村到户"的精准脱贫举措：实施特色产业富民行动，实现产业扶贫到村到户；实施扶贫移民搬迁行动，实现移民搬迁到村到户；实施电商扶贫行动，实现新兴产业到村到户；实施农民工培训创业行动，实现就业扶贫到村到户；实施贫困户产权收益行动，实现资产性收益到村到户；实施基础设施建设行动，实现基础设施到村到户；实施金融扶贫行动，实现金融扶贫到村到户；实施科技文化扶贫行动，实现就业培训到村到户；实施社会扶贫行动，实现结对帮扶到村到户；实施村"三留守"人员和残疾人关爱服务行动，实现政策宣传扶贫到村到户，争取早日脱贫摘帽奔小康。

"只有扎根泥土,才能懂得人民",是最接地气的表述。所谓"接地气",就是要深入基层、联系群众、集中民智、凝聚民心,具体表现为深入基层一线,思想核心是心系群众,精神实质是实事求是,实现目标是要解决实际问题。黄文秀因为缺乏基层工作经历,初到村时群众对她并不认可,于是她虚心向群众请教、深入了解全村贫困户的情况,很快扶贫之路有了好的开局。基层工作归根到底是群众工作,不深入田间地头、街头巷尾,与群众唠唠家长里短,那纵是一肚"墨水"也枉然。这就要求我们勤心于民,一切为民者,则民向往之,只有把群众当作自己人,把群众的事情当作自己的事,这样群众才会愿意跟你讲真话,把你当作自己人。黄文秀问需于民,褪下高材生头衔,放下官架子,走出办公室,到田间地头、房前屋后,与群众唠唠家常,了解到群众需要什么,能为他们做些什么,怎么做才能让大家喜闻乐见。在基层这个大课堂,群众就是最好的老师,黄文秀俯下身子,虚心拜师请教,在求教中开阔视野、厘清思路。基层工作是忙碌的、繁杂的,黄文秀用沾泥的双脚足步丈量田野,她任驻百坭村第一书记一年多的时间里,将吃住搬到了村部,用当地方言和群众交流,到田间地头与群众共同劳动,在平凡的岗位上干出了非凡的业绩。

"只有扎根泥土,才能懂得人民",是厚植"人民至上"的为民情怀的表述。历史充分证明,心系群众鱼得水,脱离群众树断根。正是因为我们党坚守初心使命,在任何时候都把群众的利益放在第一位,与群众有福同享、有难同当,得到了群众的衷心拥护和支持,凝聚起了无往而不胜的磅礴力量。习近平总书记曾在《之江新语》中这样写道:"一个党员干部只要心里装着群众,真心实意地为人民群众做好事、办实事、解难事,人民群众就惦记他、信任他、支持他。"为民情怀源于心中有民。党员干部要把人民的安居乐业、安危冷暖放在心上,想民之所想,急民之所急,办民之所需,始终把人民的利益放在首位,把"人民"二字镌刻于心、落实于行,坚守为民初心,厚植"一枝一叶总关情"的为民情怀,站稳人民立场,以百姓心为心,主动走近群众身边,走进群众心里,真正成为群众的贴心人、暖心人、称心人、知心人。黄文秀打心底把群众当亲人,到百坭村担任第一书记后,自觉同群众想在一起、干在一起,她不仅把微信名改为"百坭女子图鉴",还几乎把全部家当搬到村里,手绘"民情地图",学着说当地的方言,不到两个月就遍访195户建档立卡贫困户,很快就摸清了实情。她从解决群众最急最忧最盼的紧迫问题入手,带领村里修通了屯级路、建起了蓄水池,亲自帮新生儿上户口、帮患病群众报销医药费、帮困难学生申请"雨露计划",帮贫困户申请小额贷款,用点点滴滴的真情付出换来了群众的真心拥护。百坭村的群众说"文秀姑娘比女儿还亲"。黄文秀殉职当天,村干部发现联系不上她,驾车上百千米沿路寻找;听到她遇难的消息,村民们悲伤不已、自发悼念。黄文秀和百坭村群众的鱼水深情,生动体现了党同人民群众的血肉联系。

第九章
攻坚克难的英雄气概

第九章 攻坚克难的英雄气概

攻坚克难的英雄气概，是中国共产党自成立以来就具有的鲜明品格，也是中国共产党人精神谱系的鲜明特质。中国共产党人是最讲奉献、最富有牺牲精神的，一代又一代共产党人为践行初心使命，矢志不渝艰苦奋斗，把青春甚至生命献给了党和人民的伟大事业。中华人民共和国成立前，中国共产党之所以能够多次绝地反击、向死而生、取得胜利，主要原因之一就在于具有攻坚克难的大无畏英雄气概。

回望百年，中国共产党团结带领中国人民进行革命、建设、改革，无论面临怎样的挑战和压力，不论付出怎样的代价和牺牲，始终不畏强敌、不惧风险、敢于斗争、勇于胜利，凭着攻坚克难的英雄气概，拥有了不可战胜的力量，书写了中华民族几千年历史上最恢宏的史诗。特别是十八大以来，中国共产党又带领广大人民群众发扬不怕牺牲、敢啃硬骨头的精神，决战脱贫攻坚战，再次彰显出共产党人攻坚克难的英雄气概。数百万扶贫干部响应党的号召奔赴贫困山区，冲向脱贫攻坚最前线，带领群众脱贫致富。他们中有1800多名扶贫干部将生命定格在脱贫攻坚的战场上。

黄文秀作为战斗在脱贫攻坚战场上的一名普通扶贫干部，她在深度贫困的百坭村，团结村"两委"班子成员，带领全村村民，为如期完成脱贫任务、摘掉"贫困村"帽子，迎难而上、尽锐出战；攻坚克难、敢于胜利；面对困难，黄文秀说："长征的战士死都不怕，这点困难怎么能限制我前行。"

一、迎难而上，尽锐出战

黄文秀攻坚克难的英雄气概首先表现为"迎难而上、尽锐出战"。迎难而上，是指遇到困难不但不退缩，而是迎着困难去克服它，形容不怕困难、不怕挫折、勇敢地向困难宣战。从以毛泽东为代表的老一辈革命家到当今以习近平同志为核心的党中央，都把迎难而上运用于党和国家的革命、建设、改革当中。早在1919年7月，毛泽东在《湘江评论》（创刊号）上就指出：

"天不要怕,鬼不要怕,死人不要怕,官僚不要怕,军阀不要怕,资本家不要怕。"习近平总书记对什么是迎难而上作了界定,他说:"迎难而上,就是苦干实干、坚韧不拔,保持知重负重、直面挑战的昂扬斗志,百折不挠克服困难、战胜风险,为了胜利勇往直前。"可以说,迎难而上是中国共产党敢于战胜一切困难的精神力量,体现出来的是敢于战胜一切艰难险阻的英雄气概。

黄文秀弘扬中国共产党人攻坚克难的英勇无畏精神,在人生道路的一次次选择中,为了国家和民族的利益,她勇往直前、迎难而上。黄文秀在选择入党的时候,她就下决心"不能光为自己而活";在选择考研的时候,她就做好了学习更多知识、更好地建设家乡的准备;在选择离开北京回百色的时候,她就和家乡群众的甘苦连在了一起;在选择从机关去驻村扶贫的时候,她就做好了不怕困难、敢于胜利的准备;回百坭村的路上,面对山洪,由于她心里惦记着村里被冲断的灌溉水渠,更惦记着百坭村村民的安危,让她无法停下脚步、无暇考虑个人安危,她归心似箭、没有折返后退,选择了坚定前行。驻百坭村期间,放弃休息时间坚守岗位,对黄文秀来说是家常便饭。她把扶贫工作当作新时期的新长征,无论这条路多么艰难,都要坚定不移地走下去,直到胜利。年轻的黄文秀,坚毅而果敢,一旦作出选择,就会迎难而上、坚定地走下去。

迎难而上需要有战胜困难的信心,但光有信心是不够的,更不能一味地蛮干,恰恰相反,必须尊重事物发展的特点和规律,注意讲究方法,注重原则性和策略性相统一,既要站稳立场,又要讲究方法、举措得当。例如,红军长征途中,在商议进攻打鼓新场黔军可行与否时,毛泽东一再阐述不能进攻打鼓新场的理由,却未能说服众人。因为少数服从多数,他刚刚担任了6天的前敌总指挥职务被撤销。天黑了,失去总指挥职务的毛泽东想到一个办法:找下最后决定的周恩来。于是,毛泽东走到周恩来住地,陈述利害,请求周恩来停止签发进攻打鼓新场作战计划，周恩来采纳了他的意见，避开了敌人的陷阱。苟坝会议后，军委成立了三人组指挥作战，事实上确立了毛泽东在军事上的核心领导地位。之后，发生了三渡赤水和四渡赤水。红军于1935年3月渡过乌江，进入息烽地域，跳出蒋介石的包围圈。四渡赤水、巧渡金沙江、强渡大渡河、飞夺泸定桥、翻雪山、过草地……历经艰难险阻的二万五千里长征深刻阐释：从瑞金到会宁不是一条简单的直线，胜利需要我们坚定信仰、全力以赴，但也需要想方设法去夺取胜利。要克服前进道路上的困难，首先应当了解困难的症结所在、弄清造成困难的原因，进而找出解决困难的办法，尽锐出战、战胜困难。

习近平总书记多次提到脱贫攻坚要"尽锐出战"，他强调说："脱贫攻坚伟大斗争，锻造形成了'上下同心、尽锐出战、精准务实、开拓创新、攻坚克难、不负人民'的脱贫攻坚精神。"这里的"尽锐出战、精准务实"既是党中央面对脱贫攻坚的坚定信心、必胜信念，也是对"迎难而上"具体方法最精辟的概括和总结。尽锐出战，是指把全部精锐部队派出去作战。毛泽东主席的"集中优势兵力、各个歼灭敌人"，强调的就是尽锐出战。在脱贫攻坚战中，习近平总书记的"精准扶贫"，也强调的是尽锐出战。

黄文秀为了在百坭村如期完成打赢脱贫攻坚战的任务，她按照习近平总书记关于"六个精准"的论述开展扶贫工作，在村内组织召开了多轮研判会，针对全村未脱贫户、已脱贫户，每一位结对帮扶干部就自己帮扶贫困户的收入情况、产业发展情况进行汇总；对未脱贫户，进行逐户分析贫困原因，制定帮扶措施，按计划如期脱贫；对已脱贫户，跟踪帮扶，建立返贫预警机制。黄文秀为了实现帮扶措施精准，她坚持精准扶贫精准脱贫基本方略，聚焦深度贫困根源和特殊贫困群体，细化实化政策措施，加强项目资金管理，压实责任，严格考核，凝聚起更大力量，真抓实干，克服脱贫攻坚道路上一个又一个困难，迎难而上、尽锐出战。她在精准施策上出实招、在精准推进上下实功，实现了脱贫举措精准到产业到户到人，实现了贫困人口"两不愁三保障"，增强了百坭村的基础设施和公共服务，提高了贫困群众的收入水平和生活质量。

2016年7月20日，习近平总书记在东西部扶贫协作座谈会上指出："贫穷并不可怕，怕的是智力不足、头脑空空，怕的是知识匮乏、精神委顿。脱贫致富不仅要注意富口袋，更要注意富脑袋。"为打好精准脱贫攻坚战，2018年2月12日习近平总书记在打好精准脱贫攻坚战座谈会上强调："贫困群众既是脱贫攻坚的对象，更是脱贫致富的主体。要加强扶贫同扶志、扶智相结合，激发贫困群众积极性和主动性，激励和引导他们靠自己的努力改变命运，使脱贫具有可持续的内生动力。"习近平总书记多次强调阻断贫困代际传递的问题，要求更加注重教育脱贫。他在河北省阜平县考察扶贫开发工作时说："义务教育一定要搞好，让孩子们受到好的教育，不要让孩子们输在起跑线上。"

出身贫困家庭的黄文秀对教育扶贫的重要意义理解深刻。她仔细品味习近平总书记的这一系列指示精神后，认识到通过加强教育投资，把贫困地区孩子培养出来，阻断贫困代际传递，是斩断穷根的重要措施。因此，百坭村孩子们的教育问题，成了黄文秀最牵挂的大事。

充分利用"雨露计划"助学金，帮助百坭村建档立卡的贫困户孩子完成学业，成了黄文秀扶贫工作中的重点关注项目。

韦峰灵家里有3个正在上学的孩子，其中2个读大学，1个念高中，经济负担很沉重，刚脱贫不久，又陷入窘境。黄文秀经过调查，落实了韦峰灵家的返贫原因，便下定决心对其开展帮扶。于是，黄文秀和村"两委"研究决定，把韦峰灵家列入建档立卡贫困户，同时为他家申请了"雨露计划"资助的学费和享受烟叶种植计划的惠农政策。对韦峰灵的帮扶，不只帮助他家申请助学资金，更主要的是要帮他们把自己家的产业搞好，经济能够持续发展。在黄文秀的鼓励下，韦峰灵精心管理12亩烟田，当年烟叶收入3万元。

2019年,他将种植规模扩大到20亩,年种烟叶收入6万多元,这大大缓解了他家的生活压力,也更加坚定了他种植烟叶实现富裕生活的决心。

通过入户调查,黄文秀还帮黄瑞章、韦灵德、黄仕京等村民的孩子申请了"雨露计划"助学金。同样,帮扶这些农户搞好自己家产业,使经济得以持续发展。

山村儿童的健康成长是乡村振兴的一项重要任务,黄文秀驻村期间将关注村里少年儿童教育列入自己的扶贫重要项目,努力改善育人环境,力争为孩子们茁壮健康成长创造更好条件。为了实现"让童年灿烂起来,让儿童快乐起来"的目标,黄文秀将百坭村的儿童当作自己的弟弟、妹妹一样去亲近。平日里,走屯入户,经常抱抱这家的宝宝,亲亲那家的娃娃,给这家的孩子送玩具,帮那家大人看孩子。节假日,黄文秀在百忙中抽出时间教小学生们唱歌、跳舞、玩游戏,给他们讲故事,带他们参加一些简单的集体劳动,培养他们各方面的生活兴趣和关心他人的高尚品质。六一儿童节,黄文秀组织百坭村的孩子们进行唱歌、诗歌朗诵、跳绳等文体比赛,与小朋友一起欢度节日;暑假期间,组织学生参加夏令营活动,让百坭村的孩子们到都市开阔眼界。

让百坭村的孩子在家门口享受优质教育,是黄文秀的心愿。百坭村没有幼儿园,一些孩子被家长送到镇上或县里幼儿园,家长接送很不方便;另一些孩子则留在家里由爷爷奶奶看管,缺乏系统性学前教育。大多数贫困家庭的幼儿都交给爷爷奶奶看管,这种状况更容易造成"贫穷代际传递"。黄文秀力图阻断"贫穷代际传递",不让贫困人口的子女输在起跑线上。为此,她不停地奔走有关部门联系办园事宜。她希望全村所有的适龄幼儿都能跟城市里的孩子一样进入幼儿园,接受学前教育,适时开阔孩子们的视野,为他们人生发展奠定一个好的基础,为推动乡村高质量发展奠定一个好的基础。

二、攻坚克难，敢于胜利

摆脱贫困、过上幸福生活是中华民族最朴素的向往，然而，天灾人祸给中国社会发展设置了重重障碍，严重阻碍了中国人民对美好生活的追求。中国共产党成立以来，坚持不懈地为中国人民摆脱贫穷、过上幸福美满的生活而奋斗。中华人民共和国成立之初，国家一穷二白，人民生活困苦，中国共产党带领全国人民开展了土地改革，使3亿多无地农民获得土地，贫困农民生活得到改善；改革开放后，以农村实行家庭经营为基础，极大解放了农村生产力，全国绝大多数人解决了温饱问题，部分家庭富足起来；1982年起，国家启动了专项扶贫计划，拉开了扶贫工作的序幕；党的十八大以来，习近平总书记对脱贫工作做了一系列部署，实施精准扶贫方略，使扶贫工作进入脱贫攻坚新阶段。

消除贫困是个全球性难题。纵观全球，没有哪一个政党像中国共产党一样把人民的利益作为最高追求，没有哪一个政党像中国共产党一样动员全社会力量帮助贫困群众脱贫致富。中国共产党带领全国人民向贫困宣战，不是喊喊口号，而是实实在在地为困难群众解决实际问题。正像习近平总书记指示的那样："我们将全面建成小康社会。全面建成小康社会，一个也不能少；共同富裕路上，一个也不能掉队。我们将举全党全国之力，坚决完成脱贫攻坚任务，确保兑现我们的承诺。我们要牢记人民对美好生活的向往就是我们的奋斗目标，坚持以人民为中心的发展思想，努力抓好保障和改善民生各项工作，不断增强人民的获得感、幸福感、安全感，不断推进全体人民共同富裕。我坚信，中国人民的生活一定会一年更比一年好。"

向贫困宣战，实现共同富裕，是中国共产党的重要使命。2012年底，我国还有9899万贫困人口，党中央把脱贫攻坚工作，摆在治国理政的突出位置。中央和各省都投入了巨额资金和大批干部，发起了人类历史上规模最大、惠及人口最多的脱贫攻坚战。

第九章 攻坚克难的英雄气概

攻坚克难、敢于胜利,是中国共产党特有的精神品质。贫困并非不可战胜,任何困难都不能阻碍共产党人前进的步伐。习近平总书记指出:"敢于斗争、敢于胜利,是中国共产党不可战胜的强大精神力量。"中国共产党作为中国革命、建设和改革开放的领导核心,以实现中华民族伟大复兴为历史重任,这就决定了中国共产党从诞生之日起就是一个敢于向一切困难宣战的马克思主义政党,就是一个以战胜困难铸塑党员品质和凝聚广大民众力量的无产阶级政党。中国共产党从无到有、从小到大,由弱变强、愈挫愈勇,从一个胜利走向另一个胜利,凭借的就是敢于胜利的血性与胆魄。毛泽东主席在《愚公移山》一文中号召全党"下定决心,不怕牺牲,排除万难,去争取胜利"。我党的历史实践证明,中国革命和社会主义建设的胜利就是靠全党同志攻坚克难、敢于胜利取得的。习近平总书记在庆祝中国共产党成立一百周年大会上指出:"一百年来,中国共产党团结带领中国人民,以'为有牺牲多壮志,敢教日月换新天'的大无畏气概,书写了中华民族几千年历史上最恢宏的史诗。"敢于胜利集中体现了中国共产党人的精神风骨和意志品格,揭示了我们党饱经磨难而生生不息的精神源泉,更为新时代新征程上攻坚克难、奋力拼搏提供了强大精神支撑。

敢于胜利必须攻坚克难,只有攻坚克难才能夺取胜利。2020年3月10日,习近平总书记在湖北省考察新冠肺炎疫情防控工作时指出:"回顾历史,我们党在内忧外患中诞生,在磨难挫折中成长,在攻坚克难中壮大。"

石山林立的百坭村地处桂西大石山区,是深度贫困村。由于交通不便,村民与外界交流较少,多数人家生活贫困,仍旧抱残守缺,不求变通。黄文秀怀着满腔热血来到百坭村,进村之初,马不停蹄地进行调查家访,急于了解贫困村民的具体情况,以便及时制定脱贫方案。谁知,缺少农村工作经验的她,工作起来处处碰钉子。面对一些村民的冷漠、不交流,黄文秀曾十分焦虑。她知道这种焦虑情绪不能在村干部和村民面前表露出来,而需要在夜深人静时，冷静思考，想出解决问题的方法。她批评自己，一个连老百姓家门都进不去的人，怎配共产党员的称号。她检讨自己，哪些方面做得不好，为什么村民不接受自己。黄文秀明白，要想在百坭村打赢脱贫攻坚战，必须先攻克"人情关"。但，她又不明白，怎样才能突破群众与她之间这个隔阂。经过认真思考，她想到向村里的老支书请教。

黄文秀找到老支书家里，把自己家访中遇到的困难告诉他，向他请教家访经验。老支书告诉黄文秀："你初来乍到，村民和你还不熟悉，他们不愿意给你说自家的事情，你要理解他们。农村是个熟人社会，老百姓跟你熟了，自然就愿意与你聊家务。"

从老支书家出来，黄文秀一直在想，如何才能跟老百姓熟起来？她思来想去，觉得自己拿着笔记本到老百姓家，问东问西，边问边记，让老百姓感觉不舒服。后来，她到贫困户家不再带本子，而是脱下外套帮他们家扫院子；有的农户不让她进家门，就等一两天再去；贫困户家没人，她就去田里，边帮他们干农活边聊天。

黄文秀这个逆行者，在百坭村扶贫工作中，遇到三个难关：第一个难关是"入户关"，第二个难关是"行路关"，第三个难关是"语言关"。其中"入户关"是最难攻克的堡垒，虽然任务艰巨，但老支书的指点给她的工作指出方向。面对这些"难关"，黄文秀又想到习近平总书记当年在梁家河的知青岁月。1969年，15岁的习近平下乡来到梁家河成为一名知青，青年习近平刚到梁家河，就需要过五关：跳蚤关、饮食关、生活关、劳动关、思想关。第一关是跳蚤关，农村人与跳蚤共生，从小习惯了，也就不觉得是个多大事，而习近平在城市长大，之前没见过跳蚤，初到梁家河，被跳蚤咬得全身都是大红包，特别是到了夏天，等于是在跳蚤堆里睡觉，非常难受，但两年后他就习惯了跳蚤的叮咬；第二关是饮食关，在全国普遍贫穷的那个年代，温饱尚未解决，穷乡僻壤的梁家河村民吃的全是粗粮，吃惯了城里米面的知青们，一下子适应不了陕北的粗粮，他们实在没法吃下去，可一段时间后习近平便吃得习惯了；第三关是生活关，对农村里的各种活计，习近平学会了自己捻毛线、补衣服、缝被子，带来的针线包派上了用场，尽管针脚不那么齐整，但也有模有样；第四关是劳动关，梁家河村的青壮劳动力干一天活，挣十分（工分），而知青们一天只能挣到五六分，两年后习近平便成了种地的好把式，每天也能挣到十分；第五关是思想关，对于革命圣地延安，知青们都怀着无比崇敬的心情，但到延安后，看见的和想象中的反差太大了，心里很失落，但习近平从中学到了农民实事求是、吃苦耐劳的精神。面对一个个难关，年轻的习近平迎难而上，接受艰苦生活的磨炼。相比起习近平总书记当年在梁家河的知青岁月中需要过的"五关"，黄文秀又觉得在百坭村扶贫工作中遇到的困难，根本算不了什么，习近平总书记当年也是花费了一定时间才攻关成功，自己怎能期望老百姓一见面就把自己当亲人一样，把家里的所有情况都告诉自己。经这样一对比，黄文秀心里敞亮了许多。

　　黄文秀为了做到有的放矢，她把全村贫困户分了类，采取不同的家访方式。对那些容易沟通的人家，经常去看看他们有什么困难，脱贫计划落实得如何；对那些白天下地干活的村民，放在晚上去家访；对那些排斥家访的村民，需要加强接近，多拉家常，逐步混成熟人，再谈脱贫计划。黄文秀费尽苦心，全力以赴。她经常不顾天黑路远，选择下午五六点开始入户走访，这个时候多数村民家里有人，有利于了解情况，而她常常是深夜才能回到村委会住地。比起深夜赶路更为艰难的是吃闭门羹，对于不肯接受家访的贫困户，黄文秀又采用了两种方法：一是多帮他们干活，套近乎；一是以坚持不懈的方式，一次不开门就去走访两次，两次不开门就去走访三次，直到把贫困户的门敲开为止。对于每个贫困户，无论是让黄文秀吃过闭门羹的或是用生硬的态度对待她的，她都是甜甜一笑，满面春风，仔细询问了解情况，认真讲解党的扶贫政策。黄文秀用耐心工作，终于融化了这些贫困户脸上的冷霜，拉近了彼此之间的距离。黄文秀，靠着耐心和不畏艰难的干劲，走进百坭村195户贫困户家里，把他们的名字都标注在了她绘制的百坭村的地图上，把每户的贫困情况都记在了她扶贫工作的本子里和心里。

"行路关"对黄文秀也是个不小的考验。百坭村11个自然屯，被大山包围，各屯很分散，有几个屯子离村部很远，虽说黄文秀学会了开车，也贷款买了车，可要开车到各屯子有时困难蛮大。各屯多年前通了砂石路，但连年雨水冲刷，路面已破损不堪，雨季陡峭路段连摩托车都无法通过，更别说汽车啦！黄文秀只好经常靠双腿往返屯子。尽管有许多时候用不上汽车，在黄文秀驻百坭村满一年的2019年3月26日，她的车行驶里程数还是增加了25000千米。当天她在微信朋友圈发了一条感言"我心中的长征，驻村一周年愉快"。

关于"语言关"，黄文秀出生在田阳县，离乐业县近200千米，两地方言有很大不同，再说，她从上小学便学习普通话，对百坭村的桂柳方言不甚了解。到百坭村扶贫，对她来说，说普通话和当地群众的交流很不方便，同时也不能与老百姓拉近距离，这直接影响到工作的开展。为此，黄文秀特意跟着村里的大姐大嫂们学说百坭话。经过一段时间学习，黄文秀基本学会了桂柳方言，可以和所有的村民正常交流了，这给她的扶贫工作带来极大方便。会说百坭话的黄文秀终于成了百坭村人人喜欢的文秀姑娘、秀儿书记。

黄文秀以习近平总书记为榜样，以极大的勇气攻克脱贫路上的难关，融入百坭村百姓中，成了群众心目中脱贫致富的主心骨、领路人。

三、"这点困难怎么能限制我前行"

百坭村坐落在群山之间，村部是个二层小楼，离山很近。黄文秀2018年到百坭村后，独自住在村部小楼一层。窗外，是高高的荒草坡，稍有风吹，就会有草木哗啦啦的声响。风稍大些，或者有暴风雨，就会听到动物嘶鸣般的声音。到了傍晚，村部门前的村民就散尽了。有时候，黄文秀会到村部门前的树下久久眺望，可放眼望去，除了大石山还是大石山，她就这样看着绵延的大石山渐渐沉入漆黑的夜幕。返回宿舍后，黄文秀闭上双眼，久久不能入睡，满脑子都想着：如何才能战胜一切困难、改变大山里村民的生存环境？怎样才能和村"两委"带领百坭村村民如期脱贫？

夜半时分，在房间里的黄文秀常常会被暴风雨的嘶鸣声惊醒。难以入睡的她，怀揣着带领乡亲们脱贫致富的梦想，起床写日记。她的一些扶贫日记正是在这种情况下写出的。心中有迷茫，她就读书。她读《习近平谈治国理政》《习近平的七年知青岁月》《习近平在正定》，她读《第一书记工作手册》《百色历史》《乐业历史》，她还读柏拉图的《理想国》、卢梭的《爱弥儿》、杜威的《民主主义与教育》、苏霍姆林斯基的《帕夫雷什中学》、奥斯特洛夫斯基的《钢铁是怎样炼成的》，特别是她细细品味美国记者埃德加·斯诺创作的纪实文学《西行漫记》。《西行漫记》写了红军扣人心弦、惊心动魄的二万五千里长征。在万分惊险的情形下，红军战士进行了无数次惊天地泣鬼神的战斗，无论是血战湘江、激战腊子口，还是新集反击战、攻克剑门关；不管是血洒困牛山、转战乌蒙山，还是鏖战独树镇、血染庚家河，无不展示了红军不怕牺牲、浴血奋战的英雄气概，彰显了红军极其顽强的战斗力。红军不仅英勇顽强、敢于牺牲，而且足智多谋、妙计连连，该强攻时强攻，该智取时智取，四渡赤水河，勇夺泸定桥，飞渡金沙江，在长征路上一次次突破敌人的重重围堵，留下了一个个有勇有谋的感人故事。黄文秀在这些书里，找到了工作自信的力量，增添了战胜困难的智慧和勇气。

据乐业县龙门村第一书记严彬航回忆说："我对她（黄文秀）真正的认识，是她去了百坭村以后。我们同在乐业，但在两个不同的方向，虽然一直答应要去百坭村走走看看，但是一直没有实现。文秀不幸遇难后，我去了一趟百坭村，比我想象中的远，比我想象中的艰苦。我还到她的宿舍看了，看到床下放着四双鞋子——两双运动鞋、两双水鞋，办公桌上放着本《西行漫记》。看到《西行漫记》，我就想到了'扶贫就像一条长征路'这句话，黄文秀说到做到，无论扶贫这条路多么艰难，她都迎难而上，坚定地走下去。"

黄文秀到百坭村工作的第二天，村口发生一起严重交通事故，70多岁的五保户韦大妈被一辆大货车撞倒压死了。正在开会的黄文秀毫不犹豫地同村干部起身前往事故现场。村支书周昌战特意关照道："黄书记留步，你年轻，别去现场了。"黄文秀却坚持要去，她说："既然当了第一书记，百坭村出了这样大的事，我必须去事故现场。"在去事故现场的路上，周昌战再次嘱咐黄文秀："车祸现场比较血腥，你最好离远些。"黄文秀内心很感激周支书的关心，但脚步继续前进。她对支书说："我不怕！"在事故现场，面对血淋淋的尸体，黄文秀镇定自若，没有退缩。她和村干部一起安慰受害人亲属，对闻讯聚集来的村民进行疏导、稳定群众情绪，等待交警处理事故。

据时任驻新化镇扶贫工作队分队长周洁说："有一天晚上，她（黄文秀）走访帮扶对象后打电话给我，当时下着雨，我叫她注意安全。她回到村部之后，拍了张照片发给我，全身湿漉漉的。我问她为什么那么晚才去走访，她说白天群众出门干活，晚上才能够找到他们。虽然像个落汤鸡，但是她从开始给我打电话到后来给我发照片，一直都很高兴，因为这个帮扶对象接纳了她。从这点可以看出来，她有一股劲头，很坚强，不服输。"

一次，黄文秀和村干部到偏远的那坤屯入户走访。晚上在回来的路上遇到了暴雨、道路塌方，黄文秀和村委们不得不一起钻树林、爬泥坡、蹚大水……直到凌晨2点才徒步回到村部。这次雨夜之行，使村干部们对这个年轻的第一书记有了新的认识，更加信任她。

据时任驻新化镇乐翁村第一书记陈名持回忆说："2019年5月24日，文秀跟我说，她想引进养蜂产业，增加村民收入，也给村集体带来收入。6月初，我跟她说，我们养的蜂可以采蜜了，感兴趣的话可以过来看看。她说她不光要看,还要亲自体验抓蜜蜂。到了养蜂场,一开始她不敢动手,但很快就鼓起了勇气,戴上护罩去抓蜜蜂、找蜂王。她看似柔弱,实则刚强,看到一只蜂王,准备伸手去抓,还说陈书记你帮我拍一张照,当时我就觉得这个女孩很坚强。"

黄文秀遇难后,人们翻阅她的扶贫工作日记,文中有这样一段话:"'让扶过贫的人像战争年代打过仗的人那样自豪',长征的战士死都不怕,这点困难怎么能限制我前行。""这点困难怎么能限制我前行",体现了黄文秀坚定的共产主义信仰和在扶贫道路上"不获全胜、决不收兵"的坚定信念。信仰和信念,使共产党人表现出改天换地、摧枯拉朽的力量!1928年10月,毛泽东发表了著名的《中国的红色政权为什么能够存在?》。毛泽东坚信红色政权一定能够存在,在中国革命最困难的时候提出"星星之火,可以燎原"。"星星之火,可以燎原"是共产党的信仰和信念。一般人不会想到这种精神和信仰的力量,就是以毛泽东为首的中国共产党人,在最困难、最不名一文时内心的信仰和信念。多数人因看见而相信,少数人因相信而看见。真正的领袖、真正的共产党人,就是这样的少数人,心有愿景、心有梦想,并且敢于实现,敢于胜利。新时代有许多"雪山""草地"需要跨越,有许多"腊子口""娄山关"等着去征服。"红军不怕远征难,万水千山只等闲",凭借着这样的精神,我们就能抵达成功的彼岸。1835年秋天,马克思写下了中学毕业论文——《青年在选择职业时的考虑》,表达了为人类服务的崇高理想,他说:"如果我们选择了最能为人类福利而劳动的职业,那么,重担就不能把我们压倒,因为这是为大家而献身;那时我们所感到的就不是可怜的、有限的、自私的乐趣,我们的幸福将属于千百万人,我们的事业将默默地,但是永恒发挥作用地存在下去,而面对我们的骨灰,高尚的人们将洒下热泪。"在为人类解放而斗争时,共产党人实现了整体幸福和个人幸福的辩证统一,涵养了牺牲小我、成就大我的高度自觉。毛泽东主席曾指出："要奋斗就会有牺牲，死人的事是经常发生的。但是我们想到人民的利益，想到大多数人民的痛苦，我们为人民而死，就是死得其所。"讲奉献、具有牺牲精神、随时准备为党和人民的事业牺牲一切，这是共产主义者的政治本色，是马克思主义政党的高尚品格。2016年7月20日，习近平总书记在东西部扶贫协作座谈会上指出："现在，扶贫开发到了攻克最后堡垒的阶段，所以党的十八届五中全会把'扶贫攻坚战'改成了'脱贫攻坚战'。"习近平总书记打了一个非常形象的比喻，他说："这就像六盘山是当年红军长征要翻越的最后一座高山一样，让全国现有五千多万贫困人口全部脱贫，是我们打赢脱贫攻坚战必须翻越的最后一座高山。"黄文秀牢记习近平总书记的教诲，奔赴脱贫攻坚战的最前沿。在脱贫攻坚战的战场上，她没有被困难吓倒，毅然喊出"这点困难怎么能限制我前行"的誓言，带领百坭村群众艰苦奋斗、脱贫攻坚，在关键时刻冲得上去、危难关头豁得出来，以攻坚克难的英勇无畏精神真抓实干、落细落实，以实干担当擦亮了政治本色、坚守了共产党人的信仰。

共产党人的本质，就是在关键时刻冲得上去，就是在危难关头豁得出来，就是为了胜利战斗到最后一刻。在向井冈山进军的途中，毛泽东起草了党的历史上第一份入党誓词，第一句话就是"牺牲个人"。周恩来曾经写下这样的诗句："没播革命的种子，却盼共产花开！梦想赤色的旗儿飞扬，却不用血来染他，天下哪有这类便宜事？"英勇无畏、敢于胜利，在不同的时期有不同的表现形式。在新民主主义革命时期，是"未惜头颅新故国，甘将热血沃中华"的革命气概；在社会主义革命和建设时期，是"宁肯少活二十年，拼命也要拿下大油田"的拼搏奋斗；在改革开放和社会主义现代化建设时期，是冲破思想障碍、"杀出一条血路"的拓荒勇气。今天，我们仍然需要继承发扬英勇无畏的不怕牺牲精神，逢山开道、遇水架桥，鼓起迈进新征程、奋进新时代的精气神。

第九章　攻坚克难的英雄气概

黄文秀为了早日实现中华民族伟大复兴，在脱贫攻坚的战场上，坚守"不获全胜、决不收兵"的信念，始终都把党的事业看得比什么都重要。在市委宣传部工作时，她兢兢业业、任劳任怨，经常加班加点，"5＋2、白加黑"，从不因为节假日或周末而放松工作要求，总是能把工作高质量地完成好。在百坭村担任第一书记时，她时刻惦记着贫困群众的前途发展，忘我工作，舍小家为大家，家人患病住院，她没能时时在身边照顾，村里大小事务却总能找到她坚毅的身影；她没能把自己的家人照顾好，却把村里的贫困群众照顾得非常周到；她没能和自己的父亲过好父亲节，却顾不得风雨交加，连夜赶回百坭村组织干部群众开展防汛救灾，用生命诠释了中国共产党人攻坚克难的英雄气概。

第十章
学习黄文秀,做传承红色精神的时代新人

第十章　学习黄文秀，做传承红色精神的时代新人

黄文秀成长为"七一勋章"获得者和"时代楷模"，是中华优秀传统文化和中国共产党红色文化孕育出来的。黄文秀在接受地方电视台采访时曾说："百色作为脱贫攻坚的一个主战场，将百色革命先烈们奋勇前进、不断拼搏的精神传承下去，作为青年一代我们责无旁贷。"黄文秀是传承红色精神的青年楷模，她对党忠诚、争当先锋，言而有信、信仰坚定，时时处处都以党和国家、人民的利益为重，把个人追求融入党的事业之中，用生命践行了为共产主义事业毕生奉献的誓言，是党的忠诚战士。她面对困难，自强不息、昂扬向上、锲而不舍、顽强拼搏，坚信经过努力梦想总会实现；她凝聚共识、团结奋进，热爱集体、与人为善，紧紧团结群众，为国家、为民族、为社会作贡献，认定"不能光为自己而活"；她饮水思源，不忘家国养育之恩，爱国爱乡，奋发图强，勇于担当，舍小家、为大家，坚定做一个"我就是要回来的人"，诠释了共产党人的家国情怀；她坚守初心、牢记使命，心系群众、甘于奉献，具有无私奉献的大爱胸怀；她坚持深入群众、调查研究，拜群众为师，一切从实际出发，从群众的利益出发，真抓实干，具有求真务实的工作作风；她在脱贫攻坚的战场带领干部群众迎难而上、尽锐出战，攻坚克难、敢于胜利，认为"长征的战士死都不怕，这点困难怎么能限制我前行"。

红色精神是中国共产党人对真理的坚持，对理想的坚守，对信念的执着追求，对爱国主义、艰苦奋斗、不怕牺牲、实事求是、诚实守信、守正创新精神的传承发展，形成的特有的精神品格和精神风貌。红色精神不能脱离其主体发展的历史，在中国共产党一百多年的历史中，红色精神依次为：革命精神、艰苦创业精神、改革开放精神和新时代伟大奋斗精神。不同的历史时期形成的红色精神因其不同的历史条件和时代主题，有其独特的内涵和鲜明的时代特征，同时，红色精神作为一个系统整体，也有贯穿其中的精髓要义，这就是：坚定的理想信念，充满着热爱党、热爱祖国、热爱人民炽热的

黄文秀　传承红色精神的青年楷模

情怀；团结一心、同舟共济一以贯之的文化基因；勇于担当、牺牲奉献的崇高精神境界；自力更生、艰苦奋斗的政治本色；尊重科学、创新进步的强大动力。新时代传承红色精神，是实现中华民族伟大复兴的力量源泉，是践行社会主义核心价值观的价值引领，也是保持共产党员初心本色的重要课题。

青年兴则国家兴，青年强则国家强。面对新时代新形势新目标新任务，新时代青年肩负着承前启后、继往开来中华民族伟大复兴的历史重任。黄文秀的优秀品质和崇高精神，为激励新时代青年群体传承红色精神、开创精彩人生提供了最好的榜样示范。新时代青年要不负历史、不负时代、不负人民重托，就要以黄文秀为榜样，大力传承红色精神，像黄文秀那样树立理想、坚定信念；像黄文秀那样忠诚爱国、心系人民；像黄文秀那样勇于担当、甘于奉献；像黄文秀那样砥砺奋斗、攻坚克难；像黄文秀那样苦练本领、刻苦钻研；像黄文秀那样锤炼品德、向上向善。只有这样，新时代青年才能像黄文秀那样成为堪当民族复兴大任的时代新人，才能让青春在为祖国、为民族、为人民、为人类的不懈奋斗中绽放绚丽之花。

一、红色精神的丰富内涵

习近平总书记指出："红色是中国共产党、中华人民共和国最鲜亮的底色，在我国960多万平方公里的广袤大地上红色资源星罗棋布，在我们党团结带领中国人民进行百年奋斗的伟大历程中红色血脉代代相传。每一个历史事件、每一位革命英雄、每一种革命精神、每一件革命文物，都代表着我们党走过的光辉历程、取得的重大成就，展现了我们党的梦想和追求、情怀和担当、牺牲和奉献，汇聚成我们党的红色血脉。"习近平总书记还指出："中国式现代化是物质文明和精神文明相协调的现代化，要弘扬中华优秀传统文化，用好红色文化，发展社会主义先进文化，丰富人民精神文化生活。"可以说，一部中国共产党的奋斗史就是一部红色文化生成、凝练、发展的历史。

第十章 学习黄文秀，做传承红色精神的时代新人

红色文化，主体是精神文化，同时包含物质文化。红色精神文化包括革命历史、革命文献和革命精神。中国共产党在革命过程中形成了一系列如红船精神、长征精神、延安精神、太行精神、西柏坡精神等，都属于精神方面的红色文化；革命遗址、遗迹和遗物，乃至纪念碑、纪念园、纪念馆等属于物质方面的红色文化。

精神不能脱离主体而独立存在，红色精神同样不能脱离其主体发展的历史。红色精神是伴随着中国共产党在中国的诞生和成长而形成的。它创造于新民主主义革命时期，发展于社会主义革命和建设时期，兴盛于改革开放历史新时期，升华于中国特色社会主义新时代，体现着党的性质和宗旨，承载着党的初心使命，具有深厚的历史底蕴和丰富的精神内涵。一百多年来，中国共产党带领全国人民走过革命、建设和改革开放的几个不同时期，相应各个时期锤炼出革命精神、艰苦创业精神和改革开放精神。现在已经进入中国特色社会主义新时代，新时代伟大奋斗精神正在发展中。

革命精神，其主题是革命，是新民主主义革命时期老一辈革命家勇于开拓、顽强奋斗、甘于牺牲、鞠躬尽瘁的红色精神。邓小平同志把革命精神概括为："发扬革命和拼命精神，严守纪律和自我牺牲精神，大公无私和先人后己精神，压倒一切敌人、压倒一切困难的精神，坚持革命乐观主义、排除万难去争取胜利的精神。"

艰苦创业精神，其主题是艰苦奋斗、奋发图强，是社会主义革命和建设时期中国共产党领导全国人民团结一心、自力更生、艰苦奋斗、积极探索的红色精神。艰苦创业精神，其主旨在于艰苦奋斗，其价值在于创业和奉献，也就是为社会的责任、历史的使命而献身。创造这些精神的主体人物，喊出的"雄赳赳，气昂昂，跨过鸭绿江""宁肯少活20年，拼命也要拿下大油田""一不怕苦，二不怕死""到农村去，到边疆去，到祖国最需要的地方去"等铿锵有力的吼声，是艰苦创业精神的最强音符。

改革开放精神，其主题是解放思想、求真务实，是改革开放新时期的红色精神。改革开放精神，强调解放思想、实事求是、勇于担当，倡导开拓创新、开放包容、兼容并蓄，要求科学发展、求真务实、务求实效。波澜壮阔的改革开放历程，谱写出了中国特色社会主义伟大事业新篇章。

新时代伟大奋斗精神正在发展中。党的十八大以来，进入中国特色社会主义新时代，习近平总书记强调最多的是奋斗精神。进入中国特色社会主义新时代，党的奋斗精神升华到了一个新的高度，党已经提出如科学家精神、抗疫精神、脱贫攻坚精神等一些具体的红色精神形态，从不同的方面彰显出新时代伟大奋斗精神。

虽说不同历史时期红色精神内涵有所不同，但是，红色精神的实质都是一脉相承的。理想、情怀、团结、奉献、奋斗、创新这些共产主义思想的精髓要义，一以贯之地贯穿于其中。

红色精神的灵魂是坚定的理想信念。中国共产党从诞生时只有50多名党员，发展成为拥有9900多万名党员的世界第一大执政党，一路走来，坚定的理想信念始终是革命事业取得胜利的重要保证。无论是井冈山精神、长征精神，还是延安精神、西柏坡精神、红岩精神等，在共产党人胸中涌动的是革命理想高于天的赤胆忠心。他们面对高官厚禄不为所动，面对铁窗酷刑毫不畏惧，面对艰难困苦决不退缩，高喊"头可断、血可流，主义不能丢""试看将来的环球，必是赤旗的世界""敌人只能砍下我们的头颅，决不能动摇我们的信仰""生为真理生、死为真理死"等铮铮誓言，用信仰之力战胜了邪恶，用理想之光驱散了黑暗。无数的革命先烈在布满荆棘的革命道路上，初心如磐、忠贞不渝，甚至献出宝贵生命，矢志推动革命的"红船"劈波斩浪、不断前行。

红色精神充满着炽热的情怀，集中体现为热爱党、热爱祖国、热爱人民。对党忠诚、衷心爱党，是共产党人的基本品质，是心之所系、情之所归，也是红色精神的崇高境界。习近平总书记强调："江山就是人民，人民就是江山。"纵观中国共产党的发展历程，热爱党、热爱祖国、热爱人民是红色精神的价值追求和崇高境界。党的优秀儿女在为党分忧、为国尽责、为民奉献中升华人生境界，涌现出焦裕禄、雷锋、孔繁森、黄文秀等无数优秀党员楷模。

中国人民是具有伟大团结精神的人民，团结一心、同舟共济是中华民族一以贯之的文化基因。中国共产党是最能弘扬伟大团结精神的政党，团结是党的生命所系、力量所在，也是红色精神的一个突出特点。在革命战争年代，我们党紧紧依靠人民，团结一致、攻坚克难、无往不胜。土地革命战争时期，开展"人民的游击战争"，粉碎了敌人的多次"围剿"，人民群众是党和人民军队的铜墙铁壁；抗日战争时期，坚持兵民是胜利之本，实行"全国人民总动员的完全的民族革命战争"，军民团结，全民族团结，共赴国难，终将日本侵略者赶出国门；解放战争时期，广大人民群众踊跃拥军支前，为解放战争作出极大贡献。在社会主义建设中，在抵御重大灾难过程中，团结就是力量、团结就能胜利，铸就了抗洪精神、抗震救灾精神、抗疫精神等伟大精神，都是团结力量的充分彰显。

奉献是中国人民高尚的精神境界和精神动力，是中华民族的传统美德。牺牲奉献是共产党人的重要精神特质，是红色精神的鲜亮底色，始终放射出耀眼夺目的璀璨光芒。一百多年来，中国共产党人牺牲奉献的伟大品格始终不移，成为激励全国人民在实现中华民族伟大复兴的道路上不断奋进的强大力量。我们党的入党誓词明确提出"随时准备为党和人民牺牲一切"。从长期革命、建设、改革的奋斗实践到进入新时代，我们党创立形成的井冈山精神、长征精神、延安精神、西柏坡精神、脱贫攻坚精神等革命精神，都包含着牺牲奉献的精神内核；党的队伍中涌现出的刘胡兰、雷锋、焦裕禄、孔繁森、杨善洲、黄文秀等一大批英雄模范，也无不诠释着牺牲奉献的伟大。

奋斗是党鲜明的政治本色，是党的优良传统和作风。自力更生、艰苦创业是我们党的传家宝和精神密码，我们党的历史，是一部自力更生、艰苦创业的奋斗史。奋斗是中国共产党与生俱来的优秀品质。广大党员在不同历史时期奋斗在南泥湾、北大荒、大庆油田、红旗渠……谱写了自力更生、艰苦创业的壮丽奋斗史诗。

创新是民族进步之魂，创新精神是中国共产党最宝贵的精神品质，是激发广大人民群众为国家富强、民族振兴而不懈奋斗的强大动力。20世纪五六十年代，面对帝国主义核威慑、核讹诈，我们党果断作出研制"两弹一星"的战略决策。广大科技工作者秉持航天报国、科技强国的使命情怀，把个人理想与祖国命运紧紧联系在一起，干惊天动地事、做隐姓埋名人，克服了各种难以想象的艰难险阻，突破了一个又一个技术难关，在陌生领域从无到有进行全新探索，在高端技术空白地带白手起家，铸就了"两弹一星"精神。

二、新时代传承红色精神的重大意义

人无精神则不立，国无精神则不强。习近平总书记高度重视对党的历史的总结和红色精神传承，他在庆祝中国共产党成立100周年大会上指出："一百年来，中国共产党弘扬伟大建党精神，在长期奋斗中构建起中国共产党人的精神谱系，锤炼出鲜明的政治品格。历史川流不息，精神代代相传。我们要继续弘扬光荣传统、赓续红色血脉，永远把伟大建党精神继承下去、发扬光大！"新时代传承红色精神，对于实现中华民族伟大复兴、践行社会主义核心价值观和保持共产党人的初心本色都具有重大意义。

1.新时代传承红色精神，是实现中华民族伟大复兴的力量源泉

实现中华民族伟大复兴，是近代以来中华民族最伟大的梦想，是一百多年来中国共产党百折不挠、英勇奋斗的主题。我们党的一切奋斗、一切牺牲、一切创造都是为了实现中华民族伟大复兴。经过一百年奋斗，我们已经

实现了全面建成小康社会的目标。面对世界百年未有之大变局,在实现中华民族伟大复兴梦想前进的道路上,国内国际环境有许多新情况,改革建设发展面临许多新问题、新矛盾,任务十分艰巨,风险挑战很多。如何科学应对挑战,化解风险,解决矛盾,克服千难万险?首先我们必须坚持党的全面领导,大力弘扬、传承以伟大建党精神为源头的系列红色精神,以红色精神为引领,凝聚、鼓舞全体人民为中华民族伟大复兴而努力奋斗。

第一,通过传承红色精神,树立和巩固党和人民的理想信念。

坚定的理想信念是一系列红色精神中的核心内容,从红船精神到抗美援朝精神,到脱贫攻坚精神、伟大抗疫精神,无不包含着共产党人对理想的坚定、执着。革命理想高于天,理想的力量大无边,是红色精神的显著特点。为什么中国革命在别人看来不可能成功的情况下居然成功了?习近平总书记认为,心中有信仰,脚下有力量。他强调:"无论过去、现在还是将来,对马克思主义的信仰,对中国特色社会主义的信念,对实现中华民族伟大复兴中国梦的信心,都是指引和支撑中国人民站起来、富起来、强起来的强大精神力量。"在新的征程上,我们仍会遇到很多"娄山关、腊子口、湘江渡",仍将面临各种困难、风险、挑战。只要大力弘扬红色精神,像革命先辈那样,树立起坚定的理想信念,不断增强对马克思主义、共产主义的信仰,增强对中国特色社会主义的信念,增强对实现中华民族伟大复兴的信心,坚持真理、坚守理想,在实现第二个百年奋斗目标的奋进路上,就一定能像革命先辈那样,像党在百年中夺取革命、建设、改革胜利一样,坚定前行、百折不挠,不被任何困难所难住、所吓倒,勇往直前,压倒一切困难,排除一切艰险,不断夺取胜利,创造无愧于时代的新功绩,实现中华民族伟大复兴梦想。

第二,大力传承红色精神,激励、鼓舞全体人民自力更生、艰苦奋斗、不怕艰苦、不怕困难、不怕牺牲、无私奉献,这是中华民族伟大复兴事业必需的精神力量。

实现第二个百年奋斗目标，全面推进中国特色社会主义经济、政治、文化、社会、生态文明建设，各方面都有大量困难、难题，所以特别需要大力弘扬红色精神。系列红色精神中，都有一个共同的内容，就是共产党员不怕苦、不怕累、不畏艰难、不惧风险、自力更生、艰苦奋斗、百折不挠、英勇顽强。无论战争年代的井冈山精神、长征精神，还是建设时期的大庆精神、"两弹一星"精神、红旗渠精神、塞罕坝精神、兵团精神、老西藏精神、脱贫攻坚精神……共同特点就是：为了中国人民利益和幸福生活，共产党人自力更生、艰苦奋斗、勇于奉献、不怕牺牲。在百年未有之大变局下，在全面建设社会主义现代化的新时期，弘扬这些精神，是我们克服困难、战胜挑战、防范风险、开拓创新必备的主观条件。红色精神的传承、弘扬必将给全体人民注入巨大的精神力量，这样的精神力量是威力无比的精神原子弹，将以摧枯拉朽的磅礴之力排除一切艰难险阻，确保中华民族伟大复兴进程不可逆转，势不可挡，达到胜利的目标。

2.新时代传承红色精神，是践行社会主义核心价值观的价值引领

习近平总书记指出："社会主义核心价值观是当代中国精神的集中体现，凝结着全体人民共同的价值追求。要以培养担当民族复兴大任的时代新人为着眼点，强化教育引导、实践养成、制度保障，发挥社会主义核心价值观对国民教育、精神文明创建、精神文化产品创作生产传播的引领作用，把社会主义核心价值观融入社会发展各方面，转化为人们的情感认同和行为习惯。"红色精神所具有的崇高的理想信念、真挚的为民情怀、伟大的团结精神、牺牲奉献的精神境界、艰苦奋斗的顽强意志、开拓创新的强大动力在内涵本质、思想理论、实践基础等方面都与社会主义核心价值观具有高度的内在契合性，是社会主义核心价值观的价值引领。

第一，红色精神从国家层面引领社会主义核心价值观的目标追求。

理想决定行动，有共同理想，才能有共同步调。红色精神是社会主义核心价值观的灵魂，规定着社会主义核心价值观的方向和目标，决定着社会主义核心价值观建设的成败得失。传承红色精神，使全体人民在根本利益一致的基础上形成共识，在关系全体人民根本利益、关系中华民族前途命运的问题上形成共同的价值观念、价值准则，为实现中华民族伟大复兴奠定必需的共同思想基础，将促进形成建设社会主义现代化强国的磅礴力量。这与社会主义核心价值观倡导的"富强、民主、文明、和谐"目标追求完全一致。因此，倡导"富强、民主、文明、和谐"，必须传承红色精神，使广大人民群众自觉投入到实现中国特色社会主义共同理想的伟大实践中。

第二，红色精神从社会层面引领社会主义核心价值观的价值取向。

"自由、平等、公正、法治"是社会主义核心价值观在社会层面上的价值取向，是中国特色社会主义的社会价值取向，是立足社会层面对社会主义核心价值体系的高度凝炼，体现了以人为本、尊重人民群众的思想意识，是人民群众价值认同的"最大公约数"，达成了最广泛的价值共识，为实现"富强、民主、文明、和谐"的社会主义现代化国家提供了根本价值遵循。从党的根本宗旨全心全意为人民服务实践中孕育出来的红色精神，将"自由、平等、公正、法治"的价值观念融于建设中国特色社会主义的实践中，蕴含着勇于担当、无私奉献、遵纪守法等美德，是社会主义核心价值观在社会层面上的生动体现。因此，倡导"自由、平等、公正、法治"，必须传承红色精神，共同营造社会文明进步、全面发展的中国特色社会主义社会新风尚。

第三，红色精神从个人层面引领社会主义核心价值观的道德准则。

"爱国、敬业、诚信、友善"的社会主义核心价值观在个人层面上的道德准则，是从中华民族传统美德与共产主义道德、先进社会文化的相互融合中凝炼而来的，涵盖了社会公德、职业道德、家庭美德、个人品德的各个方面，是每个公民都应当遵守的基本道德准则。红色精神将社会主义核心价值观的道德自律性和他律性有机地结合起来，从内心信仰蕴含着共产主义的道德要求，从实践践行着社会主义核心价值观的道德准则，倡导与人为善、团结同志、爱岗敬业、诚实守信、尊敬师长、关爱他人、关心群众，把关爱送给他人、把困难留给自己。因此，倡导"爱国、敬业、诚信、友善"，必须传承红色精神，让社会主义核心价值观潜移默化到广大人民群众的自觉行动中。

3.新时代传承红色精神，是保持共产党员初心本色的重要课题

不忘初心，方得始终；保持本色，生命所系。随着经济全球化和我国经济的蓬勃发展，人们在物质条件得以改善的同时，社会条件和人们的思想观念、价值追求也发生了巨大变化，社会风气和社会道德出现了令人担忧的乱象，拜金主义、享乐主义开始抬头，道德失范、诚信缺失等现象也时有发生。面对世情国情党情，如何保持共产党员的初心本色成为共产党人的重要课题。为此，需要大力传承红色精神，以红色精神培育共产党人的正确价值追求，涵养党内清风正气，这是新时代党内政治文化建设的一项重要任务。

第一，传承红色精神，以红色精神培育共产党人正确的价值追求。

正确的价值追求，是共产党人的共同思想道德基础，也是共产党人赖以维系和发展的精神纽带。红色精神，凝聚着共产党人对党忠诚、为国为民、恪尽职守、公正无私、甘于奉献、百折不挠、勇于牺牲、视死如归的价值追求。这些价值追求，是支撑共产党人不断取得胜利的精神支柱。现在，各行各业都有一大批廉洁奉公、公道正派、忠于职守、无私奉献的优秀共产党员，但是，党员队伍中也存在着一些不容忽视的问题。有些年轻党员由于缺乏艰苦生活、各种风险的考验，极容易受到开放式、多元化社会中消极因素的影响；有的党员偏离了共产党人正确的价值追求，拜金主义、享乐主义、极端个人主义思想膨胀；有的党员宗旨意识淡化，只顾自己利益，忽视群众利益，甚至以权谋私、损公肥私、贪污受贿。极少数党员价值追求的扭曲，

错位,严重损害了党同人民群众的血肉联系,这与红色精神背道而驰。要保持党同人民群众的血肉联系,需要传承红色精神,让广大共产党人在红色精神的滋养下,淬炼正确的价值追求。

第二,传承红色精神,以红色精神涵养共产党内的清风正气。

具有清风正气的党内关系,是党保持团结统一的政治基础,是党保持先进性和纯洁性的重要标志,也是党团结带领人民攻坚克难、勇往直前的有力保障。红色精神,蕴含着共产党内平等尊重、民主团结、顾全大局、互信互助、坦荡质朴、清爽纯洁、思维活跃、开拓创新的清风正气的党内关系。在我们党长期执政的过程中,党员队伍不断壮大,具有高学历的青年知识分子党员越来越多,总体上党内关系呈现出思想开放、平等团结、积极向上、生机勃勃的新气象。但同时也出现了一些新问题、遇到了一些新挑战,有的党员习惯于搞人身依附,把同志关系变异成等级关系,把上下级关系变异成主仆关系;有的党员江湖习气浓重,奉行圈子文化,搞小团伙,拉帮结派,热衷于"拜码头";有的地方和单位党内同志关系呈现庸俗化倾向,对领导干部一味地奉迎吹捧;有的领导把提拔任用干部看成是个人恩赐,甚至培植亲信。这些党内关系异化的现象,与红色精神格格不入,严重损害了党在人民群众中的形象,削弱了党组织的凝聚力和战斗力。唯有传承红色精神,让党内始终充盈着磅礴的清风正气,才能保持党在人民群众中的崇高形象,才能保持党组织的凝聚力和战斗力。

三、新时代青年需要像黄文秀那样传承红色精神,做担当民族复兴大任的时代新人

习近平总书记说:"历史川流不息,精神代代相传。"这一精彩论述,高度概括了红色精神传承的时空格局,深刻阐释了精神力量的雄奇峻伟,鼓舞着我们坚定弘扬光荣传统、赓续红色血脉的信心和决心。

黄文秀　传承红色精神的青年楷模

青年时期，是人生发展的重要时期，是世界观、人生观、价值观形成的关键时期。在这一时期，处理好个人与集体、学习与工作、理想与现实、权利与义务、自由与纪律等方面的关系，确立正确的价值取向和人生追求，既关系着自己的健康成长成才，也关系着祖国和民族的未来。习近平总书记指出："青年是整个社会力量中最积极、最有生气的力量，国家的希望在青年，民族的未来在青年。"同时，习近平总书记也明确了新时代中国青年运动的主题、方向和新时代中国青年的使命："就是坚持中国共产党领导，同人民一道，为实现'两个一百年'奋斗目标、实现中华民族伟大复兴的中国梦而奋斗。"

党的十八大召开后，为实现到2020年全面建成小康社会的目标，脱贫攻坚已经到了啃硬骨头、攻坚拔寨的冲刺阶段，成为一场非赢不可的硬仗，需要每一位共产党员迎难而上、担当作为。2016年，黄文秀在北京师范大学研究生毕业前夕，积极响应党的号召，怀着建设家乡的梦想，选择毕业后离开北京回到家乡百色，并在之后的工作中主动到山高路远的百坭村担任驻村第一书记，倾情投入到脱贫攻坚战的伟大实践中。在为实现"两个一百年"奋斗目标、实现中华民族伟大复兴中国梦而奋斗的新长征路上，黄文秀牢记习近平总书记对新时代青年的谆谆教导，决心在脱贫攻坚这场硬仗的实践中磨炼自己，用美好青春诠释共产党人的初心使命，用自己的实际行动谱写新时代共产党人的青春之歌。

黄文秀作为传承红色精神的青年楷模，以其优秀品质和崇高精神为新时代青年作出了榜样。我们每一个新时代的青年都需要学习黄文秀，做红色精神的传承人，在"为中国人民谋幸福，为中华民族谋复兴"的征途上，绽放出精彩人生。

第一，新时代青年传承红色精神，需要像黄文秀那样树立理想、坚定信念。

第十章　学习黄文秀，做传承红色精神的时代新人

理想信念的坚定笃行是传承红色精神的灵魂，没有理想信念的坚定笃行，就没有夏明翰"越杀胆越大，杀绝也不怕"和"砍头不要紧，只要主义真"的豪迈诗句。习近平总书记指出："新时代中国青年要树立远大理想。青年的理想信念关乎国家未来。青年理想远大、信念坚定，是一个国家、一个民族无坚不摧的前进动力。"黄文秀在本科上学时，就定格在用自己的力量为国家、为民族、为社会做出贡献；研究生毕业时毫不忧虑地报考广西壮族自治区的选调生，她要回去建设家乡、改变家乡的落后面貌；在扶贫路上，她每天奔波在高山崇岭之间为贫困群众排忧解难，让老百姓体会到党的温暖，自己心里充满了快乐。新时代青年传承红色精神，就要像黄文秀那样树立共产主义远大理想，坚定对马克思主义的信仰、对中国特色社会主义的信念、对实现中华民族伟大复兴中国梦的信心，把个人理想自觉融入党和人民的伟大事业中，把人生的追求与社会的发展密切联系起来，到基层人民群众中去，到祖国需要的地方去，听党话、感党恩、跟党走，与党同心、与历史同向、与祖国同行、与人民同在，在为社会作贡献的过程中让青春闪光。

第二，新时代青年传承红色精神，需要像黄文秀那样忠诚爱国、心系人民。

在中华民族绵延发展的历史长河中，爱国主义始终是激励华夏儿女自强不息的强大力量，始终是广大青年最可贵的精神品质，激励广大青年成长成才、建功立业。忠诚爱国的崇高品德是红色精神的旗帜，心系为民的质朴情怀是红色精神的政治立场。只有把国家和人民的利益放在高于一切的地位，与祖国和人民同呼吸、共命运，才是忠诚爱国者。青年只有把国家和人民放在心中，将自身成长与振兴中华的历史进程紧密联系在一起，国家发展、民族振兴才能拥有源源不断的力量。习近平总书记指出："新时代中国青年要听党话、跟党走，胸怀忧国忧民之心、爱国爱民之情，不断奉献祖国、奉献人民，以一生的真情投入、一辈子的顽强奋斗来体现爱国主义情怀，让爱国

主义的伟大旗帜始终在心中高高飘扬！"新时代青年处在中华民族发展的最好时期，处在实现中华民族伟大复兴的最好年华，责任重大、使命光荣，必将成就未来之伟大。家是最小的国，国是千万家。黄文秀研究生毕业后，饮水思源，不忘家乡的养育之恩，坚定做一个"我就是要回来的人"，舍小家、为大家，自觉将个人的梦想融入到民族和国家的梦想之中，展示了共产党人新时代奋斗者的博大胸怀。新时代青年传承红色精神，就要像黄文秀那样高举爱国主义的伟大旗帜，饮水思源、爱国爱乡、心系人民、奋发图强，做忠诚爱国者，肩负起全面建成社会主义现代化强国的时代责任。

第三，新时代青年传承红色精神，需要像黄文秀那样勇于担当、甘于奉献。

勇气，是一种坚韧的精神品质；担当，彰显对职守的忠诚、追求的执着。青年是党、国家和民族的希望，面对责任和使命，要勇于担当、甘于奉献，绝不缩手缩脚、畏首畏尾，才能在责任中进步，在担当中成长。勇于担当、甘于奉献是红色精神的重要精神特质和鲜亮底色，青年要敢于做勇于担当、甘于奉献的先锋，扎扎实实干事，而不做过客、当看客。当前，中国特色社会主义进入新时代，这对于青年而言，是机遇，更是挑战。"不经一番寒彻骨，哪得梅花扑鼻香"，青年人唯有勇于担当、甘于奉献，才能不负众望、立心立业、堪当大任。习近平总书记指出："只要青年都勇挑重担、勇克难关、勇斗风险，中国特色社会主义就能充满活力、充满后劲、充满希望。青年要保持初生牛犊不怕虎、越是艰险越向前的刚健勇毅，勇立时代潮头，争做时代先锋。一切视探索尝试为畏途、一切把负重前行当吃亏、一切'躲进小楼成一统'逃避责任的思想和行为，都是要不得的，都是成不了事的，也是难以真正获得人生快乐的。新时代中国青年要珍惜这个时代、担负时代使命，在担当中历练，在尽责中成长，让青春在新时代改革开放的广阔天地中绽放，让人生在实现中国梦的奋进追逐中展现出勇敢奔跑的英姿，努力成为德智体美劳全面发展的社会主义建设者和接班人！"黄文秀在脱贫攻坚的道路上可谓乐此不疲。2018年3月，刚结束田阳县那满镇脱贫攻坚的一线挂职锻炼，本可以在市委宣传部理论科搞与自己专业相关的工作，却又主动请缨到乐业县新化镇任百坭村驻村第一书记。她坚守初心，把消灭贫困看作自己的使命，哪里有贫困，就向哪里冲锋。新时代青年传承红色精神，就要像黄文秀那样，在实现中华民族伟大复兴的征途上，把勇于担当作为行动、把甘于奉献作为追求，事不避难、义不逃责，主动迎接挑战，立志做一个信念坚定、敢于担当、为民服务、勤政务实、清正廉洁的优秀青年。

第四，新时代青年传承红色精神，需要像黄文秀那样砥砺奋斗、攻坚克难。

青年是整个社会中最积极、最有生气的力量，是国家的希望、民族的未来，是担当时代使命的生力军。砥砺奋斗、攻坚克难的精神品格是红色精神的鲜明底色。习近平总书记指出："新时代中国青年要勇做走在时代前列的奋进者、开拓者、奉献者，毫不畏惧面对一切艰难险阻，在劈波斩浪中开拓前进，在披荆斩棘中开辟天地，在攻坚克难中创造业绩，用青春和汗水创造出让世界刮目相看的新奇迹！"黄文秀把"脱贫攻坚"看作新时代的新长征，把扶贫干部比作战争年代打仗的战士，当年长征中，战士们连死都不怕，那么在今天的扶贫路上，就没有困难能阻止她前进的步伐。新时代青年传承红色精神，就要像黄文秀那样，保持顽强拼搏的斗志、朝气蓬勃的活力、乐观向上的人生态度和英勇无畏的气概，用知重负重、攻坚克难的实际行动，在新时代新征程上留下无悔的砥砺奋斗足迹。

第五，新时代青年传承红色精神，需要像黄文秀那样刻苦钻研、苦练本领。

青年人要想干一番事业，就必须勤奋学习，善于学习。创业的本领才干，是青春出彩人生的重要源泉，新时代青年的本领才干，直接关系着中国式现代化的进程。身处日新月异的新时代，青年人要有本领不强、才干不足的危机感，要加强学习、刻苦钻研、增强才干、全面发展。习近平总书记指出："青年是苦练本领、增长才干的黄金时期。'青春虚度无所成，白首衔悲亦何及。'当今时代，知识更新不断加快，社会分工日益细化，新技术新模式新业态层出不穷。这既为青年施展才华、竞展风采提供了广阔舞台，也对青年能力素质提出了新的更高要求。不论是成就自己的人生理想，还是担当时代的神圣使命，青年都要珍惜韶华、不负青春，努力学习掌握科学知识，提高内在素质，锤炼过硬本领，使自己的思维视野、思想观念、认识水平跟上越来越快的时代发展。"黄文秀兴趣广泛、爱好多样，追求全面发展。她不仅在专业知识方面刻苦钻研，而且还在书法、美术、唱歌、跳舞、演讲等方面都有浓厚的兴趣。她在长治学院的求学生涯中，最初学习成绩平平，而后一路追赶，获得优秀，光荣入党，考取北京师范大学硕士研究生，实现了一次又一次的跨越，体现出她积极作为、奋发进取、攻坚克难的勇敢顽强精神。黄文秀为了撰写她的硕士学位论文，亲赴一线调研，获取第一手资料。工作后，她一如既往地注重提高自身的政治理论水平和业务水平。她善于向领导同事学习、向人民群众学习，善于在实践中学习。也正是这样，黄文秀到百坭村后，很快地从"新手"到了"熟路"。新时代青年传承红色精神，就要像黄文秀那样，把自身投入到为人民服务的学习和工作实践中去，既向书本学，也向群众学、向实践学，让苦练本领、刻苦钻研成为青春远航的动力，从而充分实现自身的人生价值。

第六，新时代青年传承红色精神，需要像黄文秀那样锤炼品德、向上向善。

个人品德是个体人格完善的重要标志，青年时期是个体品德形成和发展的重要阶段，应当自觉明大德守公德严私德。习近平总书记指出："精神上强，才是更持久、更深沉、更有力量的。青年要把正确的道德认知、自觉的道德养成、积极的道德实践紧密结合起来，不断修身立德，打牢道德根基，在人生道路上走得更正、走得更远。"黄文秀之所以能够从一个普通的青年成长为一名共产党员，从一名普通的共产党员成长为中国特色社会主义新时代的"时代楷模"，走出一条永放光华的人生之路，不是偶然的。她从小接受父亲感恩思想教育和家乡淳朴民风的滋润，少年时代就以雷锋同志为榜样，并学以致用、身体力行，初步明确了人生的追求；青年时代，她认真学习和掌握马克思主义理论和党的基本知识，使自己世界观、人生观、价值观更加坚定，并上升到一个新的境界。多年来，黄文秀在党的培养教育下，坚持以马克思主义的科学理论武装自己的头脑，坚持理论与实际相结合，在个人清贫的成长环境中，自觉树立和实践正确的世界观、人生观、价值观，使自己的品德得到锤炼，人格得到升华。新时代青年传承红色精神，就要像黄文秀那样，向道德模范学习，加强道德修养，从自我做起，从小事做起，从身边事做起，脚踏实地做好每一件事，在学习和工作实践中一点一滴地积累，一步一个脚印，锤炼品德、向上向善，立志做品德高尚的人。

参考文献

[1] 马克思恩格斯选集（第1-4卷）[M]. 北京：人民出版社，1995.

[2] 毛泽东选集（第1-4卷）[M]. 北京：人民出版社，1991.

[3] 毛泽东文集（第1、2卷）[M]. 北京：人民出版社，1993.

[4] 毛泽东文集（第3、4、5卷）[M]. 北京：人民出版社，1996.

[5] 毛泽东文集（第6、7、8卷）[M]. 北京：人民出版社，1999.

[6] 邓小平文选（第1、2卷）[M]. 北京：人民出版社，1994.

[7] 邓小平文选（第3卷）[M]. 北京：人民出版社，1993.

[8] 习近平谈治国理政[M]. 北京：外文出版社，2014.

[9] 习近平谈治国理政（第二卷）[M]. 北京：外文出版社，2017.

[10] 习近平谈治国理政（第三卷）[M]. 北京：外文出版社，2020.

[11] 习近平谈治国理政（第四卷）[M]. 北京：外文出版社，2022.

[12] 习近平著作选读（第1、2卷）[M]. 北京：人民出版社，2023.

[13] 习近平. 论中国共产党历史[M]. 北京：中央文献出版社，2021.

[14] 习近平. 摆脱贫困[M]. 福州：福建人民出版社，1992.

[15] 中央文献研究室. 习近平关于全面建成小康社会论述摘编[M]. 北京：中央文献出版社，2016.

[16] 习近平总书记重要讲话文章选编[M]. 北京：中央文献出版社、党建读物出版社，2016.

［17］中共中央党史和文献研究院.习近平扶贫论述摘编［M］.北京：中央文献出版社，2018.

［18］十八大以来重要文献选编（上）［M］.北京：中央文献出版社，2014.

［19］本书编写组.党的十九大报告辅导读本［M］.北京：人民出版社，2017.

［20］本书编写组.党的二十大报告学习辅导百问［M］.北京：党建读物出版社、学习出版社，2022.

［21］中共中央党史研究室.中国共产党的九十年（新民主主义革命时期、社会主义革命和建设时期、改革开放和社会主义现代化建设新时期共三卷）［M］.北京：中共党史出版社、党建读物出版社，2016.

［22］程过富.与时俱进的中国社会主义［M］.北京：新华出版社，2004.

［23］金一南.苦难辉煌［M］.北京：华艺出版社，2009.

［24］宋志明、吴潜涛主编.中华民族精神论纲［M］.北京：中国人民大学出版社，2006.

［25］季明主编.培育和践行社会主义核心价值观学习读本［M］.北京：人民日报出版社，2014.

［26］本书编写组.社会主义核心价值观学习读本［M］.北京：新华出版社，2013.

［27］王蒙主编，王绍光执行主编.中国精神读本［M］.杭州：浙江文艺出版社，2019.

［28］吴黎宏.信仰的力量：筑牢共产党人的精神支柱［M］.北京：中共中央党校出版社，2020.

［29］郑启立、李易正主编.中国红色精神教育读本［M］.北京：中国

文化出版社，2023.

［30］罗东凯主编.中国共产党人的精神家园［M］.广州：广东人民出版社，2012.

［31］本书编写组.新时代党性教育读本［M］.北京：中国方正出版社，2019.

［32］国家发展和改革委员会.《"十三五"脱贫攻坚规划》辅导读本［M］.北京：人民出版社，2017.

［33］何得桂、徐榕、高建梅.打赢脱贫攻坚战基层干部群众读本［M］.北京：知识产权出版社，2019.

［34］林超俊.新时代的青春之歌：黄文秀［M］.南宁：广西人民出版社，2020.

［35］中国共产党百色市委员会宣传部.黄文秀扶贫日记［M］.南宁：广西科学技术出版社，2020.

［36］长治学院思想政治教学研究部.和文秀一起的日子［M］.北京：学习出版社，2021.

［37］本书编写组.思想道德与法治［M］.北京：高等教育出版社，2021.

［38］陈宇.长征精神万岁［M］.济南：黄河出版社，1997.

［39］张荣臣、谢英芬.长征精神读本［M］.北京：红旗出版社，2006.

［40］史耀青.太行精神［M］.太原：山西人民出版社，2005.

［41］中共山西省委宣传部.太行精神光耀千秋［M］.北京：人民出版社，2005.

［42］徐魁峰.百色起义精神［M］.北京：中共党史出版社，2019.

［43］本书编写组.雷锋精神学习读本［M］.北京：红旗出版社，2012.

［44］马振清.雷锋精神及其当代价值研究［M］.北京：北京师范大学

出版社，2013.

［45］孙启华、张仲国.以雷锋的名义：新时代雷锋精神探研［M］.沈阳：辽宁大学出版社，2018.

［46］杨玉玲主编.焦裕禄精神学习读本［M］.北京：人民日报出版社，2014.

［47］周长安、赵永祥、吴玉青.焦裕禄在兰考的475天［M］.郑州：中州古籍出版社，2014.

［48］《青少年红色励志故事丛书》编写组.孔繁森的故事［M］.长沙：湖南人民出版社，2012.

［49］唐似亮.杨善洲故事［M］.长春：长春出版社，2012.

［50］申纪兰口述，李中元、刘晓丽编.口述申纪兰［M］.北京：人民出版社，2017.

［51］铁人学院.大庆精神、铁人精神学习读本［M］.北京：中国工人出版社，2020.

［52］完颜亮.孔繁森：领导干部的楷模［J］.党史博采·纪实（上），2012（7）.

后 记

2008年秋，黄文秀进入长治学院政法系思想政治教育专业学习。我父亲程过富时任政法系党总支书记、思想政治教育专业教授。程老师给黄文秀班级讲授《科学社会主义理论与实践》和《形势与政策》，黄文秀在接受入党积极分子培训期间和入党前后听过程老师数十次党课。黄文秀上大三时，被党组织发展成一名中国共产党预备党员；同时，受党组织鼓励，立志将自己修炼成为服务家乡的高层次人才。

程老师任职期间对新生、来自贫困家庭及少数民族地区的学生特别关注，他会在新生入学当天，带领系领导及相关教师深入班级和宿舍了解学生面临的困难，帮助新生尽快适应大学新环境下的学习和生活。来自广西壮乡的黄文秀，入学的第一天，就给舍访的系领导和老师们留下深刻印象。"报考长治学院思想政治教育专业，为的是到太行革命老区汲取红色精神营养"，黄文秀这句朴实而豪迈的肺腑之言，永远刻在程老师的记忆里。

黄文秀在长治学院学习期间，坚持每月向党组织递交思想汇报，一直持续到毕业离校。据我父亲说，黄文秀向党组织递交过50多份入党思想汇报。她交思想汇报的时间基本在每月上旬，寒暑假也不落下。假期期间，黄文秀会把思想汇报送到程老师家里。我就是在黄文秀往家里送思想汇报时，认识她的。

那时，我正在天津上大学。大一军训刚结束，便写了入党申请。之后，写了多份入党思想汇报，但与黄文秀相比，还有一定差距。

2012年夏，已经考上北京师范大学硕士研究生的黄文秀，本科毕业离校时送给程老师一个刻有"言而有信"的陶罐。起初，程老师拒收。黄文秀则强调说："陶罐本身只花了几元钱，但陶罐上'言而有信'四个字是我对党组织的承诺，研究生毕业后一定回去建设家乡。"

当我听到"言而有信"这个故事时，真为黄文秀捏一把汗，生怕她研究生毕业后改变主意，而被我父亲看作言而无信的学生。

黄文秀在北京上学期间，我们见过几次，也讨论过前途与理想。她对自己建设家乡的目标非常笃定，她说，无论遇到多少困难都不会放弃。

2016年夏，黄文秀研究生毕业后，义无反顾地离开北京，回到百色，建设家乡。我父亲得知这个消息后，捧起四年来一直放在写字台上的那个刻着"言而有信"四字的陶罐，激动万分地对家里人说："黄文秀真的实践了自己的承诺，回到了家乡百色。"

父亲有追踪毕业学生工作情况的习惯。他的一位读博后留在北京工作的学生曾说："程老师对学生党员实行三包，即便毕业工作了，还会给予关注和指导。"黄文秀是他倾注四年心血，为少数民族同胞精心培养的优秀人才，对她寄予无限希望，自然而然地多了几分关注。从百色市委宣传部，到田阳县那满镇，再到乐业县新化镇百坭村，父亲对黄文秀的工作变动了如指掌。

然而，2019年6月17日上午10点，在北京读博的一位父亲的学生发信息说，师姐黄文秀被洪水冲走。得知这个消息，我父亲马上联系在广西读硕的他的另一位学生了解情况。当时，我们还抱有希望，等候她生还的佳音。那天，父亲与黄文秀的两位师弟频繁联系，却总也没有确切消息，我们全家陪着父亲在胆战心惊中煎熬。第二天，接到黄文秀因公殉职的噩耗，父亲悲恸欲绝。

黄文秀牺牲后，我陪着父亲彻夜未眠，回忆着她的点点滴滴，思索着人生价值。我说，黄文秀是雷锋式的好青年。父亲说，她更像刘胡兰。他说，黄文秀虽然没有面对国民党反动派这些敌人，但却有"贫困"这个横行在人民群众面前的敌人。

广西日报记者第一时间采访我父亲，让他对黄文秀作个评价时，他说："黄文秀是当代刘胡兰，死得比泰山还重。""虽然黄文秀失去了年仅30岁的年轻生命，她的父母失去了宝贝女儿，她的师长失去了才华横溢的学生，党组织失去了一名优秀共产党员，可她的崇高精神跨越时空，不因时代变迁而黯然，也不因岁月尘封而失色。无论现在还是将来都永远是亿万人民心中一座永不磨灭的丰碑，永远是鼓舞人们艰苦奋斗、开拓进取的宝贵精神财富。"

黄文秀牺牲前不久，我父亲的另一名优秀学生（时任某中学校长、省人大代表）也因公殉职。两个年轻生命的消失，对他打击很大。很长一段时间，他都沉浸在悲伤的情绪中。我建议父亲写点东西来寄托哀思，父亲说："你正在搞文学创作，又认识黄文秀，先放放手头的工作，把黄文秀的先进事迹写出来，也是一件有意义的事情。"

我听从父亲的建议，暂时放下《太行文明》的创作，全力以赴编著《黄文秀：传承红色精神的青年楷模》。

在本书的编撰中，父亲为我提供了许多资料和素材，共同完成了这项艰巨的工作。

本书的撰写得到长治学院领导和政法系多位老师的鼓励、支持，给予了我创作的动力；同时，得到长治学院许多师生的关注；还得到黄文秀班级团支部书记杨阳同学及其他多位同学的帮助，他们提供了一些关于黄文秀的事迹及照片等资料，在此一并感谢。

在本书的撰写过程中，参考了学术界的相关研究成果，谨向这些成果的作者、编者表示谢意。

　　本书的出版,得到了山西人民出版社的大力支持,出版社的宣海丰编辑为本书的出版付出了辛勤劳动。对于诸位出版人的支持和辛劳,表达诚挚的敬意。

　　本书的撰写,力求融政治性、思想性、科学性、知识性和可读性于一体,为广大青年学习黄文秀、传承红色精神提供参考。由于作者水平所限,对黄文秀的优秀品质和崇高精神发掘得还比较肤浅,有待进一步探讨和研究。《黄文秀:传承红色精神的青年楷模》书中难免存在一些不足之处,敬请学界同仁及广大读者赐正。

程腾北
2024年9月